国家电网
STATE GRID

你用电·我用心
Your Power Our Care

优化获得电力营商环境

——国网北京电力典型经验与发展路径

国网北京市电力公司　编

中国电力出版社
CHINA ELECTRIC POWER PRESS

图书在版编目（CIP）数据

优化"获得电力"营商环境：国网北京电力典型经验与发展路径／国网北京市电力公司编.
—北京：中国电力出版社，2021.12

ISBN 978-7-5198-6268-8

Ⅰ.①优… Ⅱ.①国… Ⅲ.①电力工业－工业企业－企业经营管理－研究－北京

Ⅳ.① F426.61

中国版本图书馆 CIP 数据核字（2021）第 249412 号

出版发行：中国电力出版社

地　　址：北京市东城区北京站西街 19 号（邮政编码 100005）

网　　址：http://www.cepp.sgcc.com.cn

责任编辑：薛　红

责任校对：黄　蓓　于　维

装帧设计：赵丽缓

责任印制：石　雷

印　　刷：北京博海升彩色印刷有限公司

版　　次：2021 年 12 月第一版

印　　次：2021 年 12 月北京第一次印刷

开　　本：710 毫米×1000 毫米　16 开本

印　　张：13

字　　数：148 千字

印　　数：0001—2000 册

定　　价：65.00 元

编委会

主　编	潘敬东　万志军
副主编	周建方　王　鹏　邱明泉　徐　驰
参　编	李继东　曹　瑾　邢其敬　林　涛　汪　剑
	魏妍萍　陈海洋　李　冀　林　华　王志勇
	赵　乐　步志文　李立刚　李艳娜　王洪彪
	孙　伟　曹全智　耿　涛　苏一飞　晋文杰
	姚　斌　钱梓锋　秦　皓

前言
PREFACE

　　营商环境是建设现代化经济体系、促进高质量发展的"土壤"，是一个地区市场环境、政务环境、法治环境、社会环境等方面的综合体现，在当前国际竞争当中，营商环境已经成为比较重要甚至可以说是核心竞争力之一。习近平总书记强调，要"营造稳定公平透明、可预期的营商环境"。党中央、国务院高度重视优化营商环境工作，2015—2017年，李克强总理连续3年在"放管服"改革电视电话会议中提到中国在全球营商环境排名中的变化，并以此来衡量国内"放管服"改革的进展，提出"营商环境就是生产力"的重要论断。2019年10月，《优化营商环境条例》（中华人民共和国国务院令第722号）出台，首次以政府立法的形式为各类市场主体投资兴业提供制度保障。2020年至今，我国营商环境发展进入"优化提升"阶段，2020年，国务院办公厅印发《关于进一步优化营商环境更好服务市场主体的实施意见》，提出我国将对标国际先进水平，更多采取改革的办法破解企业生产经营中的堵点、痛点，强化为市场主体服务，加快打造市场化法治化国际化营商环境。

　　北京市政府深入贯彻落实习近平总书记关于特大城市要率先加

大营商环境改革力度的重要指示精神和党中央、国务院相关决策部署，自2017年9月以来，先后出台四版营商环境改革政策，共计672项措施和任务。改革重点1.0版聚焦"减环节、减时间、减成本，增加透明度"，2.0版扩展到"减流程，优服务，降成本、强监管"4个方面，3.0版围绕企业创新创业、投资贸易、市场竞争、法治保障等重点领域，通过商事制度改革、知识产权保护、司法保障等12个重点任务深化"放管服"改革，4.0版以清除隐形壁垒、优化再造审批流程、加强事中事后监管和加快数字政府建设为重点，优化投资建设、市场、外资外贸、就业、政务等7方面环境，更加注重上下联动、协同配合，加强部门、区域改革的步调协同一致，形成合力不断将改革推深做实。2020年4月，《北京市优化营商环境条例》正式实施，宣告首都营商环境法治化建设进入了新阶段，将为促进首都高质量发展提供有力支撑。

电力营商环境优化提升作为我国营商环境优化的重要组成部分，在近年来我国营商环境水平国际排名跃升中发挥了重要作用。国网北京市电力公司（简称国网北京电力）作为首都最大的公用事业单位，在国家电网有限公司（简称国家电网公司）的坚强领导下，以建设中国特色国际领先的能源互联网企业战略目标为指引，认真贯彻落实党中央、国务院、北京市相关决策部署，坚持"以客户为中心"服务理念，聚焦客户在"获得电力"过程中的痛点、难点和堵点等突出问题，对标国际先进水平，在全国率先推出"三零"服务，探索推出系列"获得电力"改革举措，形成了一批可推广复制的典型经验做法，推动我国"获得电力"指标排名由全球第98位（DB2018）跃升至全球第12位（DB2021），为我国整体排名由第78

位提升至第31位贡献了"国网力量"和"北京方案"。世界银行原行长金墉先生在北京高级别会上评价,"在'获得电力'方面,'三零'服务(零上门、零审批、零投资)极大程度地推动了这项指标的发展,已经成为世界范围内改革的标杆"。2020年,国务院常务会议将"三零"服务作为提升"获得电力"服务水平的重要内容,要求在全国范围内全面推广。

成绩来之不易,经验弥足珍贵。电力营商环境优化提升的过程中,国网北京电力作为北京地区"获得电力"水平提升的重要责任主体,在实践中积累了大量的经验,也取得了显著的成效,其中有很多经验值得与其他地区、其他行业的伙伴们分享,能够为其他地区、领域的营商环境改革优化提供借鉴参考和理论指导。编写组以2018年以来国网北京电力的改革实践为蓝本,通过案头资料整理、公开信息收集、现场访谈调研、重要专题研讨等工作模式,以"问题导向、目标导向、结果导向"为原则,结合国内外管理学理论和营商环境改革经验,从可行性、有效性、经济性等角度重点总结国网北京电力优化营商环境的核心改革举措和理论创新体系,以期为全国营商环境优化贡献"北京经验",促进经济高质量发展。

本书共分为四章,第一章对优化营商环境的重要意义、优化营商环境发展历程、营商环境评价体系、世界银行营商环境评价及"获得电力"指标进行了系统阐述;第二章阐述了近年来我国世界银行"获得电力"指标排名及各二级指标得分变化情况,并深入分析排名提升背后国网北京电力所采取的一系列关键改革举措;第三章详细介绍了国网北京电力在优化营商环境过程中总结的理念、组织、管理、技术"4I"创新体系;第四章从满足客户需求新变化、应用

数字技术提升服务水平、支撑首都城市战略定位三个方面，介绍了国网北京电力在未来优化营商环境工作中的主要思路和举措。

受研究能力及编写时间所限，本书中难免存在疏漏与不足之处，冀予同行切磋指正，恳请不吝赐教。

编　者

2021年10月

目录

CONTENTS

第二章
从"三零"首创到卓越服务
——国网北京电力优化营商环境改革历程

第三章
从"首都品牌"到"国家名片"
——国网北京电力优化营商环境经验总结

第四章
从组织引领到需求、技术、战略驱动
——国网北京电力优化营商环境展望

第一章

从全球竞争力到营商环境
——世界银行电力营商环境评价体系

CHAPTER

营商环境是市场经济的培育之土，是市场主体的生命之氧。优化营商环境是党中央、国务院在新形势下做出的重大决策部署，是促进高质量发展的重要举措。优化营商环境也是北京建设国际一流的和谐宜居之都的重要保障。只有持之以恒优化营商环境，才能真正解放生产力、提高竞争力，才能增强市场活力、稳定社会预期、稳妥应对经济下行压力、促进发展和就业，为市场主体带来实实在在的幸福感和获得感。

国内外营商环境评价体系根据评价对象和研究目的的不同可以分为专项型、聚焦型、综合型评价体系，世界银行营商环境评价体系属于专项型中的企业生命周期类评价体系，涉及企业从初创建立到退出的各个方面。"获得电力"是其中重要一环，主要测评一个企业获得永久性电力连接的手续（环节）、时间、成本，以及供电可靠性和电费透明度。近年来，国网北京电力积极落实党中央、国务院、北京市和国家电网公司在优化营商环境、提升"获得电力"水平方面的重要工作部署，对"获得电力"开展了实践性探索，并取得显著成效。

本章主要介绍在国家、北京市、企业层面优化营商环境具有的重要意义及改革发展历程，并对国内外营商环境评价体系进行梳理和比较，针对世界银行营商环境评价发展现状及体系、"获得电力"指标进行了详细阐述。

一 优化营商环境的重要意义

"十四五"时期，是开启全面建设社会主义现代化国家新征程的起步期，也是全面建成小康社会成果的进一步巩固期；是推动经济社会

发展再上新台阶的重要战略机遇期，是落实新发展理念要求爬坡过坎的攻坚期；是国际经济政治格局深刻调整变化带来的严重挑战期，更是维护我国国家利益和经济安全的关键期。新形势下营造国际一流营商环境意义重大。从国际环境来看，经济全球化仍在发展，但贸易保护主义愈演愈烈，逆全球化思潮不断发酵；全球经济仍在增长，但持续复苏乏力。从国内环境来看，经过多年的高速增长，由于发展环境、比较优势和国内外供给需求条件的变化，我国经济的潜在增速和现实增速都有所放缓。我国发展既处于大有可为的重要战略机遇期，也面临诸多矛盾叠加、风险隐患增多的严峻挑战。优化营商环境是中央在新形势下作出的重大决策部署，是顺应国际形势新变化和国内改革发展新趋势的必然要求。

（一）优化营商环境是新形势下的时代命题

1. 优化营商环境被提升至国家战略层面

优化营商环境，是以习近平同志为核心的党中央根据新形势新发展新要求审时度势作出的重大决策部署。党的十九大和中央经济工作会议明确要求进一步优化我国营商环境，习近平总书记多次对优化营商环境作出重要指示，指出要营造稳定公平透明、可预期的营商环境，推动我国经济持续健康发展。2018年以来，国务院常务会议多次部署优化营商环境工作，聚焦商事制度改革和营商环境创建，要求以深化"放管服"改革为抓手，不断优化营商"软环境"。2020年1月1日，《中华人民共和国外商投资法》《优化营商环境条例》同步落地实施，是我国以法治方式营造一流营商环境的重要举措。通过创新体制机制、强化协同联动、完善法治保障,对标国际先进水平,我国将为各类市场主体投资兴业营造稳定、公平、透明、可预期的良好环境。2021年,国务院总理李克强在《政府工作报告》中明确提出了"十四五"时期要全面深化改革开放,持续增强发展动力和活力。这一系列重拳的相继挥出,不仅凸显出改善和优化营商环境的重要性和紧迫性,也说明营商环境的建设已经成为推进国家治理体系和治理能力现代化的重要内容,在国家战略决策中占有重要地位。

2. 优化营商环境是促进高质量发展的重要支点

我国经济已由高速增长阶段转向高质量发展阶段。在经济高速增长阶段,经济增长更多依靠规模扩张和要素驱动;而高质量发展的本质内涵是高效、公平和可持续的发展,具体体现为资源配置效率高、产品服务质量高、技术水平不断升级等。转向高质量发展,既要求发展方式和增长路径的转变,更要求体制变革和机制创新。优化营商环境是发展的体制性、制度性安排,营商环境的优劣直接影响市场主体的兴衰、生产要素的聚散、发展动力的强弱。良好的营商环境是建设现代化经济体系、促进高质量发展的重要基础。通过优化营商环境,能够打破制约资金、劳动力、土地、技术等要素自由流动的障碍,促进要素流动,提高资源的配置效率;通过完善公平竞争的市场环境,加强事中事后监管,提升产品服务质量;通过优化促进创新的体制环境,加强知识产权保护,提升自主创新能力,促进新旧动能转换,培育增长新动能。

3. 优化营商环境是提振市场信心增强内生动力的有力举措

针对我国经济运行面临的外部环境挑战严峻、内部下行压力较大的复杂局面，中央提出全面做好稳就业、稳金融、稳外贸、稳外资、稳投资、稳预期的"六稳"工作。优化营商环境是顶住下行压力、维护"六稳"大局的关键一招。营商环境的改善能够有效激发市场主体的活力，增强经济发展的内生动力，释放内需潜力，提升治理水平。持续深化的商事制度改革激发了社会创新创业创造的热情，带动了市场主体数量的增长，扩大了就业；不断加大减税降费力度切实减轻了市场主体负担，稳定了投资；促进市场公平竞争和优化政务公共服务解决了企业和群众的难点、痛点，提振了市场主体信心，稳定了市场预期。

4. 优化营商环境是进一步扩大对外开放和提升国际竞争力的题中之义

习近平总书记强调，要改善投资和市场环境，加快对外开放步伐，降低市场运行成本，营造稳定公平透明、可预期的营商环境，加快建设开放型经济新体制，推动我国经济持续健康发展。虽然从长期来看全球化的大势不可逆转，但短期则可能会遭遇一些波折，我国要适应这一趋势，必须要提高国际竞争力，进一步融入全球经济。良好的营商环境不仅是经济软实力的重要体现，也是一个国家或地区竞争力的关键要素之一，更是打造开放型经济、提升对外开放层次与水平的题中之义。营造一个与国际接轨、法治化、便利化的营商环境，有利于提升我国参与国际竞争的综合实力，培育对外开放的新优势。通过高水平的贸易便利化、投资自由化政策举措，大幅放宽市场准入，营造

更加开放、规范和可预期的营商环境,为高水平扩大开放提供有力支撑。

(二)优化营商环境助力首都发展"加速度"

1. 优化营商环境服务北京国际一流和谐宜居之都建设

北京作为首都,是向全世界展示我国形象的首要窗口,建设和管理好首都是国家治理体系和治理能力现代化的重要内容。锚定"国际一流的和谐宜居之都"的建设目标,北京坚持把优化营商环境作为加快政府职能转变、建设现代化经济体系的重要抓手,精准改革、精细落实、精心服务,努力打造与建设国际一流和谐宜居之都相适应的营商环境。2018年以来,北京先后出台了优化营商环境1.0、2.0、3.0、4.0版系列改革政策,改革举措数量从35项增至277项,不断优化升级、向纵深推进。当前优化营商环境已进入攻坚期,北京将着力构建与首都城市战略定位相适应、与国际高标准投资贸易规则相衔接、与"两区"建设相匹配的营商环境,为"十四五"时期开好局、起好步做出积极贡献。

2. 优化营商环境为推动首都高质量发展奠定坚实基础

"率先加大营商环境改革力度"是习近平总书记交给北京的重要任务,也是推动高质量发展的制度基础。当前,北京的城市发展正发生深刻转型,减量是其特征,创新则是其出路,而且是唯一出路。企业是创新发展主体,优化营商环境,成为一道关乎北京高质量发展的"必答题"。北京市市长陈吉宁指出"创新型企业是北京高质量发展中最有活力的部分，这些企业大多是中小企业，在过去'一对一'的招商引资政策中很难被关注，改善普惠性的营商环境对他们最有利。"2018年以来，北京开展企业大走访大调研，结合企业发展诉求，送上量身定制的"服务包"，通过改善政企关系，提高服务效能。政府主动靠前，量体裁衣，企业活力迸发，推动北京经济持续健康发展。

3. 优化营商环境打造"北京样本"助推我国世界银行排名跃升

作为世界银行评估我国营商环境的样本城市之一，北京贡献突出，引人注目。《2020年全球营商环境报告》显示，我国排名第31位，较上年跃升15位。在排名大幅跃升背后，北京作为重要样本城市，以78.2分、"三级跳"发展助推我国在营商环境排名上连续两年入列全球营商环境改善幅度最大的十大经济体。北京名列全球28位，2018年、2019年共有88项改革举措被世界银行采纳，"获得电力"的成本和手续、"办理施工许可"指标中的建筑质量控制等6项子指标均达到或超过全球前沿水平，"登记财产"环节及时间、"获得电力"供电可靠性等24项子指标超过经济合作与发展组织（OECD）高收入国家水平。在国内，北京连续两年在营商环境评价中综合排名第一。"北京样本"，已成为全国营商环境改革的一面旗帜，并向全球推广。

（三）优化营商环境激发企业发展活力

1. 优化营商环境营造企业创新沃土

营商环境是企业发展、创新创业的土壤，直接影响经济发展的质量和效益。营商环境的良好性和优化程度，通常情况下是企业家能够

安心经营、放心投资、专业创造的有效保障，它能够切实有效地使企业开办和运行的成本充分降低。也可以为创新的创业者和商业创意提供更多的激励机制和机会平台，企业创新是持续的过程，需要大量人力和财力持续性的大量投入，企业营商环境的改善，有助于降低企业面临的不确定性，降低交易成本。完善的营商环境下，金融体系较为发达，企业可以更为便捷地从外部获取创新投入所需的资金，缓解创新投资的融资约束问题，从根本上有效推进"大众创业、万众创新"目标的实现。

2. 优化营商环境助力企业"减负松绑"

通过打造法治化、便利化的营商环境，做到"有求必应，无事不扰"，能够为企业发展"减负松绑"，有效激发企业活力。以北京为例，"9+N"政策在办理施工许可、获得用水用气、开办企业、跨境贸易、纳税等多个领域去繁就简，能够最大限度地减轻企业负担，促进企业家在应对外部非生产性因素的行为需求显著降低，将更多的时间和精力投入相关方面的经济活动，使企业能够获得更多的经营回报，为社会做出更多的贡献，使经济在转型发展的过程中实现更良性的效益。

3. 优化营商环境保障企业公平竞争

公平竞争是市场经济的核心，是实现资源优化配置和企业优胜劣汰的保障。公平竞争的市场环境是良好营商环境的重要组成部分，公平竞争原则是优化营商环境的题中应有之义。2017年7月，习近平总书记在中央财经领导小组会议上提出要"营造稳定公平透明"的营商环境。各级政府不断强化对各类市场主体的平等对待和依法保护，严

禁违反法定权限、条件、程序对市场主体的财产和企业经营者个人财产采取查封、冻结和扣押等行政强制措施，严惩对企业制定或者实施歧视性政策措施的主体。

二　营商环境评价体系介绍

营商环境一词最初被广泛应用于国外商业环境研究中。从字面意思理解，是指企业的经营和商务活动所处的环境。关于营商环境的具体概念不同学者持有不同看法，没有形成一个定论，有学者从企业的外在发展环境出发，认为营商环境是指商事主体从事商事组织或经营行为的各种境况和条件，包括影响商事主体行为的政治要素、经济要素、文化要素等。还有学者认为营商环境是由制度体系、市场运作、经营成本、基础设施、生态环境构成的与企业设立运营相关的综合体系，对企业创立、运营、融资、绩效等各个方面都会产生影响。

当前国内外较为一致认可的是世界银行对营商环境的定义，即营商环境是指一个经济体内的企业在开办企业、金融信贷、保护投资者、纳税等覆盖企业整个生命周期的重要领域内需要花费的时间和成本等的总和。

国内外营商环境评价体系可以分为三大类七小类。营商环境评价体系根据评价对象和研究目的的不同可以分为：营商环境专项评价体系、聚焦营商环境部分领域的评价体系和综合性排名体系中的营商环境评价体系。各类评价体系依据其评价指标设计的内在逻辑，可以进一步细化分为七小类：营商环境专项评价体系可以分为企业生命周期和企业外部环境两类；聚焦营商环境部分领域的评价体系，专门针对

营商环境的某一（些）环节进行评价，主要涉及法治化、市场化与国际化、信息化与人才培养三个方面；综合性排名体系中的营商环境评价主要是国际组织对城市商业实力和综合实力的评价排名中，将营商环境作为一个重要因素加以评估打分。国内外营商环境代表性评价体系见表1-1。

表1-1　　　　　　　　国内外营商环境代表性评价体系

一级类别	二级类别	研究机构	代表性指标体系
营商环境专项评价	企业生命周期理论	世界银行等	开办企业、办理施工许可、获得电力、登记财产、获得信贷、保护少数投资者、纳税、跨境贸易、执行合同、办理破产
	企业外部环境维度	经济学人智库等	政治环境、宏观经济环境、市场机会、自由的企业和竞争政策、国外投资政策、对外贸易
聚焦营商环境部分领域的评价	法治化	世界正义工程等	政府权力大小、反腐、政府公开、基本权利、监督执法、民事和刑事正义等
	市场化与国际化	科尔尼等	500名大型企业首席执行官投资倾向
	信息化与人才培养	联合国等	在线服务、通信基础设施、人力资本
综合性排名体系中的营商环境指标评价	城市商业实力	科尔尼等	福布斯500强公司数量、资本市场、航运、海运、ICCA认证等
	城市综合实力	IESE等	人力资本、社会凝聚力、经济、政府治理能力、环境、交通运输、城市规划、技术、国际预测

（一）营商环境专项评价体系

营商环境专项评价体系，是专门针对营商环境设计的评价指标体系，包括企业生命周期和企业外部环境两类。

　　企业生命周期类评价体系围绕不同时期的企业活动进行指标设计，企业外部环境类评价体系关注能够对营商环境产生影响的各类因素：按照企业生命周期进行指标设计，根据企业从成立到破产的客观过程，确保评价指标覆盖企业活动的各个方面；根据企业外部环境进行指标设计，指标涉及内容、下设指标的详尽程度等会因研究机构的主观目的性、评价对象的区域层次不同而不同，包括经济、政务、社会服务、技术创新、自然生态与人文环境等多个方面。营商环境专项评价各类体系见表1-2。

表1-2　　　　　　　　　营商环境专项评价各类体系

二级类别	评价主体	成果	评价指标
企业生命周期	世界银行	《全球营商环境报告》	开办企业、办理施工许可、获得电力、登记财产、获得信贷、保护少数投资者、纳税、跨境贸易、执行合同、办理破产
	上海市人民政府发展研究中心、上海发展战略研究所	《全球城市营商环境评估研究》	按照企业准入前、准入中、准入后3个发展阶段，包括12个一级指标
	中国国家统计局	《中国城市营商环境报告》	企业开办、施工许可、电力供应、纳税缴费、不动产登记、获得信贷、水气供应等
企业外部环境维度	粤港澳大湾区研究院	《中国城市营商环境评价报告》	软环境、市场环境、生态环境、社会服务环境、基础设施环境、商务成本环境
	福布斯	《最佳营商环境》	贸易自由、货币自由、产权、创新、技术、程序烦琐程度、投资者保护、腐败、个人自由、税负
	粤港澳大湾区研究院	《世界城市营商环境评价报告》	软环境、生态环境、市场环境、商务成本环境、社会服务环境、基础设施环境

续表

二级类别	评价主体	成果	评价指标
企业外部环境维度	中国经济改革研究基金会国民经济研究所	《中国分省企业经营环境指数》	政府行政管理、企业经营的法治环境、企业税费负担、金融服务、人力资源供应、基础设施条件、中介组织和技术服务、企业经营的社会环境
	第一财经研究所	《全国经济总量前100城市营商环境指数排名》	硬环境指数（自然环境和基础设施环境）、软环境指数（技术创新环境、人才环境、金融环境、文化环境和生活环境）
	中央广播电视总台	《中国城市营商环境报告》	基础设施、人力资源、金融服务、政务环境、法治环境、创新环境、社会环境
	万博新经济研究院	《中国城市营商环境指数评价报告》	硬环境（自然环境、基础设施环境）、软环境（技术创新环境、金融环境、人才环境、文化环境、生活环境）
	英国政府	《营商环境国别报告》	商机、政治环境、经济环境、贸易及法律争议、商业权利、知识产权与数据保护等
	经济学人智库	《全球最佳营商环境》	政治环境、宏观经济环境、市场机会、自由的企业和竞争政策、国外投资政策、对外贸易

　　根据企业生命周期理论分类的成果报告在评价对象、指标内容等方面略有不同：中国国家统计局《中国城市营商环境报告》以我国国内城市为立足点，研究内容不涉及企业退出相关指标；世界银行《全球营商环境报告》与上海市人民政府发展研究中心、上海发展战略研究所发布的《全球城市营商环境评估研究》均着眼于全球营商环境，且指标体系完整，涉及企业从初创建立到退出的各个方面。

企业外部环境维度划分的成果报告，其研究机构以咨询机构为主，评价对象区域层次各不相同，涉及各国、各省（中国）、各市（全球、中国）。企业外部环境维度涉及的评价指标主要包含经济、政务、社会服务、技术创新、自然生态与人文环境等6个方面，多以经济、政务类指标为主。经济方面涉及的指标数量最多，包括市场环境、商务成本、贸易自由、货币自由、税费负担、金融环境、商机、商业权利、市场机会、宏观经济及对外贸易等；政务方面包括行政管理、程序烦琐程度、腐败程度、法治环境、政务环境、政治环境、投资政策、投资者保护、贸易及法律争议等；社会服务涉及基础设施建设、金融服务、人力资源、中介组织和技术服务等；技术创新包含产权、技术、创新环境、知识产权与数据保护等；自然生态包含自然环境与生态环境；人文环境包含个人自由、生活环境等。

（二）聚焦营商环境部分领域的评价体系

聚焦营商环境部分领域的评价体系，专门针对营商环境的特定领域，更具专业性、各有侧重，根据其评估目的与评价对象，可以分为法治化、市场化与国际化、信息化与人才培养三类。聚焦营商环境部分领域的各类评价体系见表1-3。

表1-3　　　　　聚焦营商环境部分领域的各类评价体系

二级类别	评价主体	成果	评价指标
法治化	世界正义工程	《法治指数》	政府权力大小、反腐、政府公开、基本权利、监督执法、民事和刑事正义等
	美国商会全球知识产权中心	《国际知识产权指数》	专利、商标、著作权、商业秘密、知识产权资产商业化、执法、系统效率

续表

二级类别	评价主体	成果	评价指标
法治化	经济学人智库	《城市安全指数》	数据安全、健康安全、基础设施安全、个人安全
	世界银行	《全球治理指数》	话语权和责任、政治稳定性和不存在暴力、政府效率、规管质量、法治和腐败控制
市场化与国际化	科尔尼	《外商直接投资信息指数》	对500名大型企业首席执行官投资倾向进行调查
	美国传统基金会	《全球经济自由度指数》	法治、政府规模、监督效率、市场开放
	美国中小企业委员会	《对企业友好程度报告》	个人、公司、员工失业保险税率、能源成本、政府支出及负债
	OECD	《外商直接投资限制指数》	外国股权投资限制、审批、关键人员限制等
信息化与人才培养	联合国	《电子政务调查报告》	在线服务、通信基础设施、人力资本
	2thinknow	《全球创新城市指数》	科技、智能、初创企业及创新者的环境
	世界知识产权组织、康奈大学、欧洲工商管理学院	《全球创新指数》	创新投入与产出
	德勤	《全球金融科技中心报告》	全球金融中心指数、营商指数、创新指数
	瑞士洛桑国际管理发展学院	《世界人才报告》	投入与发展、吸引力、人才流动性

法治化类评价体系的评价指标多集中于政府治理、产权保护和城市安全领域：政府治理评价指标包括政府权力大小、政府稳定性与非暴力、政府话语权与政府责任、政府信息公开、公民基本权利、民事

与刑事正义、法治化进程、反腐力度、执法监督与政府工作效率；产权保护评价指标包括专利、商标、著作权、商业秘密、知识产权资产商业化、执法、系统效率；城市安全评价指标包括数据安全、健康安全、基础设施安全、个人安全。

市场化与国际化类评价体系的评价指标有少量涉及政府法治：市场化与国际化类评价体系指标包括市场开放程度、员工失业保险税率、能源成本、外国股权投资限制、审批、关键人员限制、政府规模、法治程度、政府支出及负债、政府监督效率等，科尼尔《外商直接投资信息指数》通过对500名大型企业首席执行官投资倾向进行调查出具成果报告。

信息化与人才培养类评价体系以政府、城市和人力资源为调查对象，指标多集中于科技创新与人才培养：信息化与人才培养类评价体系指标包括科技水平、创新指数、智能化进度、初创企业及创新者环境、创新投入与产出、营商指数、政府在线服务、通信基础设施、人才投入与发展、人才吸引力、人力流动性、人力资本等。

（三）综合性排名体系中的营商环境评价体系

综合性排名体系中的营商环境评价体系可以根据指标逻辑分为城市商业实力和城市综合实力两类，见表1-4。

商业实力类评价体系较城市综合实力类评价体系指标更为聚焦：商业实力类评价体系的指标全部集中于商业活动相关领域，城市综合实力类评价体系指标较为发散，除商业活动领域还涉及生态环境、可持续发展能力等多个领域。

表1-4　　　　　　　综合性排名体系中的各类营商环境评价体系

二级类别	评价主体	成果	评价指标
商业实力	科尔尼	《全球城市指数》	福布斯500强公司数量、资本市场、航运、海运、ICCA认证等
	日本森纪念财团都市战略研究所	《全球城市实力指数排名》	工资水平、人力资源保障、办公空间、公司税率和政治、经济、商业风险
	中国（深圳）综合开发研究院与伦敦Z/Yen集团	《国际金融中心指数》	营商环境、金融业发展水平、基础设施、人力资本和声誉
	万事达卡	《全球商业中心指数》	开办企业、获得信贷、公司税费、办理破产、雇佣劳动力、投资保护、执行合同、市场准入和退出
综合实力	IESE	《城市动态指数》	人力资本、社会凝聚力、经济、政府治理能力、环境、交通运输、城市规划、技术、国际预测
	普华永道	《机遇之都》	智力资本和创新、技术成熟度、区域重要城市、城市韧性、交通和城市规划、可持续发展、文化与生活、经济影响力、成本、宜商环境
	世界经济论坛	《全球竞争力报告》	政策环境、人力资本、市场机制和创新生态（机构、基础设施、技术准备、经济环境、健康等12个领域，其下细分98个指标）
	中国社会科学院城市与竞争力研究中心	《全球城市竞争力报告》	营商便利程度、犯罪率、语言多样性、税收
	倪鹏飞等	《中国城市竞争力报告》	城市综合经济竞争力指数、宜居竞争力指数、可持续竞争力指数

商业实力类评价体系，以全球主要城市为评价对象，评价指标涉及城市商业活动的各个方面：评价指标包括办公空间、工资水平、人

力资本、商业风险、商业声誉、金融业发展水平、投资保护、合同执
行、公司税费、基础设施建设、航运海运便利程度、福布斯500强公司
数量、ICCA认证等，涉及从开办企业到办理破产的市场准入和退出全
部环节。

综合实力类评价体系多以全球主要城市为评价对象，评价指标包
括经济类指标和社会类指标：经济类指标包括市场机制、智力资本、
科技创新环境、技术成熟度、人力资本、营商便利程度、企业税费、
交通规划、国际评价、基础设施建设、企业成本、宜商环境等；社会
类指标涉及社会凝聚力、宜居指数、可持续发展能力、政府治理能力、
生态环境、城市规划、犯罪率、语言多样性、市民健康、文化与生活、
城市韧性等各个方面。

在三大类七小类三十四项成果报告中，世界银行《全球营商环境
报告》在营商环境评价中最具代表性、影响最为广泛。

从运营角度看，《全球营商环境报告》连续性发布时间最长、报告
内容涉及区域最为广泛、建有专门网站可以免费下载：自2003年起，
世界银行每年对全球190个经济体的营商便利度进行打分排序，至今已
公布了17期；此外，世界银行建立了专门的网站，可以免费下载最新
报告，而且可以获取地方报告。

从报告内容看，《全球营商环境报告》指标设计具有针对性、跨国
指标具有可比性、改进措施具有可行性、评估过程具有透明性：世界
银行关注非常明确的步骤、法规和制度，而规避关于营商环境的一般
性和基于主观感受的问题；营商环境报告以标准化的案例研究为基础，
在各个国家都具有可比性；营商环境报告中的很多指标都可以为当地
政府改善营商环境提供切实可行的改进措施；世界银行每年都会将指

标体系的内容、计算方法，数据收集的路径以及国家排名的依据等信息进行公开。

三 世界银行营商环境评价发展现状及体系介绍

世界银行每年发布的《全球营商环境报告》具有广泛且重大的影响。该报告是世界银行按照一定的标准和方式对各成员营商环境进行年度性测评、打分、排位及概况性论述的报告。世界银行每年定期发布的报告通过收集分析全面的、定量的数据，对各经济体在不同时期的营商环境状况进行比较，其分析及结论不仅被穆迪、标普、世界经济论坛等重量级国际机构引用，而且还吸引了众多国家和地区的高度关注，对于获得国际资本和树立良好形象有较大作用，报告已经成为衡量各经济体企业制度性交易成本的一个重要参考。许多国家积极对标、在优化营商环境方面展开竞争。

（一）世界银行营商环境评价发展概况

为实施促进各国私营部门发展的战略，世界银行2001年成立了营商环境小组（Doing Business 小组），负责创建和完善营商环境指标体系。自2003年开始，已连续十七年发布年度《全球营商环境报告》，主要考察企业从开设、运营到破产等全过程各种外部环境的规范性和便利程度。在首次发布《全球营商环境报告》时，仅有5项一级指标、20项二级指标，覆盖133个经济体，对企业整个生命周期的5个阶段（创业、获得土地、融资、问题解决、日常运营）所适用的各国经济政策、商业法规进行客观评估与衡量。经过十几年

的探索、整理和归纳，2019年度世界银行评价指标体系涉及12项一级指标（实际适用10项指标，其中劳动力市场监管及政府采购未引入评价系统）、49项二级指标，涵盖190个经济体，指标覆盖企业从出生到死亡全生命周期，涉及企业可能经历的各项服务。指标主要聚焦在环节、时间、成本、质量4个方面，侧重考察企业与政府的互动次数、监管质量、政策透明度等。以此衡量一个国家或地区营商环境的优劣。

随着每年报告的出具，世界银行成立的营商环境小组对于"营商环境"评价指标每年进行动态调整，不断丰富完善，进而形成了一套如今权威公认的动态评价体系，已经成为衡量各经济体企业制度性交易成本的一个重要参考。报告发布以来，引起了广泛的关注。从2014年开始，该报告被列为世界银行的"旗舰报告"之一。之所以处于动态阶段，是因为世界各国"营商环境"仍处在需要改善阶段，因此世界银行"营商小组"每年对营商环境指标中的某一项或几项会做出调整有所侧重，以此促进各国整体营商环境在制度和行政改善。例如，2005年侧重研究登记物权、税制环境、对投资者保护等指标；2006年侧重研究知识产权保护、跨国贸易、治安环境等指标；2015年侧重研究监管效率与质量并重；2016年侧重监管环境便利度；2017年主旨是人人机会平等，侧重衡量监管法规是否有助于推动或是限制商业活动；2018年主旨是改革以创造就业。排名则是按照各经济体的营商便利度依次排序，排名越高表示该国从事企业经营活动条件越宽松。

（二）世界银行营商环境评价报告特点

1. 针对性和跨国可比性

2003年，第一份《全球营商环境报告》发布。在此之前很少有用来衡量商业法规的指标，可以进行全球比较的指标就更少。在20世纪八九十年代，人民对营商环境评价主要采用主观数据，且针对的是总体营商环境，这些调查缺乏世界银行营商环境报告所具有的针对性和跨国可比性。从针对性看，营商环境报告考察位于每个经济体内最大商业城市中的中小企业，衡量本地企业面临的营商法规，重点关注那些非常明确的步骤、法规和制度，而不是那种关于营商环境的一般性和基于主观感受的问题。从跨国可比性来看，营商环境报告以标准化的案例研究为基础，选取全球经济体的企业实际运营中都会经历的生命周期为指标体系，对选取的指标进行量化后，在各个国家都具有可比性。

《全球营商环境报告》还提供详细的地方性报告，介绍一个国家不同城市和地区的营商监管和改革情况。地方性报告提供营商便捷度方面的数据，对各个地区进行排名，提出各指标领域提升绩效的改革建议。所选城市可以同本经济体内或本地区内其他城市进行营商法规比较，也可以同列入《全球营商环境报告》排名榜的190个经济体进行比较。

2. 改革的借鉴性

营商环境报告的编写初衷是为理解和改善营商监管环境提供一个客观的依据。对致力于改革的政府而言，当地企业家所处的监管环境

有多大程度的绝对改善，比本国相对于其他经济体的排名要重要得多。为便于了解每个经济体监管情况的绝对水平及随着时间推移而发生的改善，营商环境报告记录了每个经济体与"前沿"水平的差距。这个指标显示了每个经济体到"前沿"的距离，而"前沿"反映的是自2003年以来营商环境报告中所包含包括的所有经济体里在每个指标上所观察到的最高水平。营商环境报告中的很多指标都是"可行动的"。例如，政府直接控制着对新企业的最低资本要求，这很容易进行调整；政府可以对负责公司注册和财产登记的公共机构加大投入，以提高工作效率；政府也可以采用最新技术，使企业的税务准备，申报和支付更加便捷，提高税务管理效率；政府还可以进行司法改革，缩短强制执行合同的时间延误。

3. 透明性

世界银行每年都会发布营商环境报告，将指标体系的内容、计算方法，数据收集的路径以及国家排名的依据等信息进行公开。此外，世界银行建立了专门的网站，可以免费下载最新的报告，而且可以获取地方报告。网站附录各个指标选取时的参考论文，对实务部门和研究者进一步理解指标体系具有重要的辅导作用。

（三）世界银行营商环境评价局限性

各界关于世界银行营商环境报告的争议主要集中在以下方面：首先，营商环境报告的评估体系不能全面考察各国的营商环境状况，遗漏了营商环境所包含的一些重要的法律制度。世界银行仅考察了一国针对正规行业的有限责任公司的法律法规，其认为正规行业的有限责任公司才是

一国创造就业和减少贫困的主要来源。然而，在许多发展中国家，经济活动主要是在非正规行业进行的。我国所取得的举世瞩目的经济发展成就实际上在很大程度上也得益于非正规行业的活跃发展。

其次，营商环境报告仅强调了营商环境中法律文本的重要性，而忽视了法律法规的实施。世界银行假设各国的企业主对相关的法律法规都是充分了解并且实施了的。但实际上，这些企业家可能并不了解其中的一些法律法规，而且也没有遵守这些法律法规的规定，他们甚至可能会采取一些措施规避其中的某些法律法规。

再次，世界银行对于各指标及法律制度的确立并非建立在坚实的理论与实证研究基础之上。虽然世界银行是在参考权威研究基础上确立的具体指标以及法律制度，然而这些理论与实证的研究一般来说仅能证明某一具体法律制度与相关的经济发展指标具有相关性，并不能证明两者具有因果关系。同时，即便相关研究能够得出因果关系的结论，在很多情况下，这也不能证明世界银行所确立的营商环境标准对某一国家来说就是最优的选择。这主要是因为这些研究只能为一国的法律制度改革提供一个维度的视角，一国是否要采纳相应的法律制度设置，还要考虑本国是否具备开展法律改革的相关资源，以及这一改革的实施是否有其他配套体制的支持等。

（四）世界银行营商环境评价体系和评价方法

1. 世界银行营商环境报告指标构成

世界银行的《全球营商环境报告》，被认为是企业投资的风向标。该报告中，被用于计算各经济体营商便利度排名的衡量指标覆盖了企业完整的生命周期：创业阶段，包括"开办企业""劳动力监管"（不计入评分排名）；获得场地阶段，包括"办理施工许可""获得电力""登记财产"；获得融资阶段，包括"获得信贷""保护少数投资者"；日常运营阶段，包括"纳税""跨境贸易""政府采购"（不计入评分排名）；以及后期终止阶段，包括"执行合同"和"办理破产"。该报告素以严谨著称，几乎每项指标，都以一篇经典文献作为方法论基础，并设计了周密的二级、三级指标，并引入具有可竞争性、可比较性、可量化性以及可改革性的指标来衡量监管过程，以期帮助政府发现行政过程中存在的问题并加以改正，从而推动了全球具有包容性的、可持续的经济增长。世界银行营商环境评价指标的核心是反映保障企业建立、运营和发展壮大的制度环境和法制环境，重点是营商的便利性、效率、成本和公平的市场环境。企业生命周期对应世界银行营商环境指标体系一级指标如图1-1所示，世界银行营商环境指标体系见表1-5。

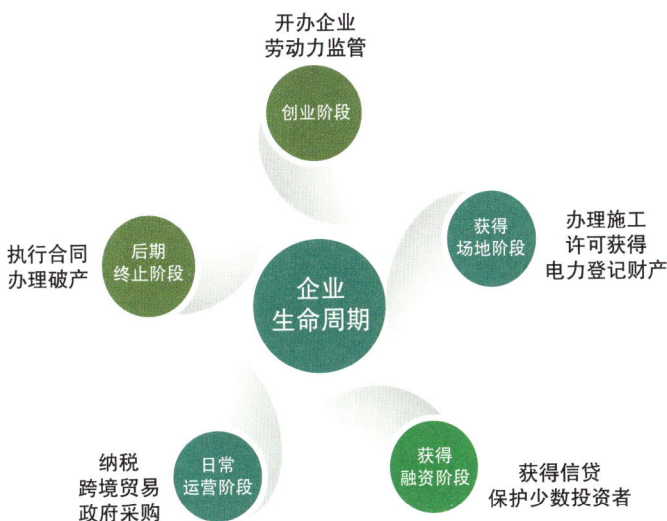

图1-1 企业生命周期对应世界银行营商环境指标体系一级指标

表1-5　　　　　　　世界银行营商环境指标体系

序号	一级指标	二级指标
1	开办企业	办理程序（项）
		办理时间（天）
		费用（占人均收入比，%）
		开办有限责任公司所需最低注册资本金（占人均收入比，%）
2	办理施工许可	房屋建筑开工前所有手续办理程序（项）
		房屋建筑开工前所有手续办理时间（天）
		房屋建筑开工前所有手续办理费用（占人均收入比，%）
		建筑质量控制指数（0~15）
3	获得电力	办理接入电网手续所需程序（项）
		办理接入电网手续所需时间（天）
		办理接入电网手续所需费用（占人均收入比，%）
		供电稳定性和收费透明度指数（0~8）
4	登记财产	产权转移登记所需程序（项）
		产权转移登记所需时间（天）
		产权转移登记所需费用（占人均收入比，%）
		用地管控系统质量指数（0~30）
5	获得信贷	动产抵押法律指数（0~12）
		信用信息系统指数（0~8）
6	保护少数投资者	信息披露指数（0~10）
		董事责任指数（0~10）
		股东诉讼便利指数（0~10）
		股东权利保护指数（0~10）
		所有权和控制权保护指数（0~10）
		公司透明度指数（0~10）
7	纳税	公司纳税次数（次/年）
		公司纳税所需时间（小时/年）

续表

序号	一级指标	二级指标
7	纳税	总税率（占利润比，%） 税后实务流程指数（0～100） 增值税退税申报时间（小时） 退税到账时间（周） 企业所得税审计申报时间（小时） 企业所得税审计完成时间（周）
8	跨境贸易	出口报关单审查时间（小时） 出口通关时间（小时） 出口报关单审查费用（美元） 出口通关费用（美元） 进口报关单审查时间（小时） 进口通关时间（小时） 进口报关单审查费用（美元） 进口通关费用（美元）
9	执行合同	解决商业纠纷的时间（天） 解决商业纠纷的成本（占索赔金额比，%） 司法程序的质量指数（0～18）
10	办理破产	回收率（美分/美元） 破产法律框架的保护指数（0～16）

2. 世界银行营商环境指标权重❶

　　按照不同级别指标，世界银行营商环境指标分别设置：一级指标权重、二级指标权重、三级指标权重。

　　世界银行营商环境的10个一级指标权重都为10%，即世界银行赋

---

❶ 潘加顺. 世界银行营商环境指标体系研究［J］. 中国工程咨询，2019（09）.

予"开办企业""办理施工许可""获得电力"等10个一级指标权重都为10%。

　　二级指标权重分为以下两类：一是权重相同，八组一级指标下的二级指标权重相同，包括"办理施工许可"4个二级指标、"获得电力"4个二级指标、"登记财产"4个二级指标、"保护少数投资者"6个二级指标、"纳税"4个二级指标、"跨境贸易"8个二级指标、"执行合同"3个二级指标、"办理破产"2个二级指标。二是权重不同，即"开办企业""获取信贷"两组一级指标下的二级指标权重不同，"开办企业"二级指标中，最低法定资本金的权重为25%，其他6个二级指标权重为12.5%；"获取信贷"二级指标中，"信用信息指数"的权重为40%，"合法权利指数"的权重为60%。

　　世界银行营商环境指标只有一组三级指标，即"税后流程"三级指标，具体包括："增值税退税合规时间""获得增值税退税时间""企业所得税申报修正合规时间""完成企业所得税申报修正时间"，权重均为25%。

　　大多数指标集涉及各经济体中最大的商业城市的一个案例情景，但对11个人口超过1亿的经济体（孟加拉国、巴西、中国、印度、印度尼西亚、日本、墨西哥、尼日利亚、巴基斯坦、俄罗斯和美国）将数据采集范围扩大到第二大商业城市。这11个经济体的数据是对两个最大商业城市的人口加权平均值。世界银行正在考虑扩大评价范围，人口超3亿国家，第三、四大城市将列入评价范围。世界银行在评价我国时选取了北京、上海两座城市，两座城市的权重分别占45%和55%。

3. 世界银行营商环境评价方法

2011年起，世界银行计算各经济体营商环境分数是测算其与最佳表现经济体的"前沿距离"，因此也称为前沿距离分数（distance to frontier score），自2019年起世界银行将营商环境前沿距离分数更名为营商环境便利度分数（ease of doing business score），测算方法与原先前沿距离分数测算方法保持一致。

世界银行营商环境指标体系以样本经济体中的中小企业为研究对象，以发放调查问卷的方式获取企业在进行某项已假设好的经营活动时所花费的时间、费用及手续成本，问卷发放的对象一般为会计师、建筑师、律师等专业人士。同时，世界银行的调查人员还会查阅每一项指标所涉及的法律法规及政策文件，若发现与问卷结果不一致，将抽取部分企业进行验证，以确保被测评经济体的结果真实有效。该指标采取前沿距离法，对全球190个经济体进行涵盖企业全生命周期的测度。

首先，通过对营商环境各项主题指标填写问卷，由问卷结果得出每个经济体在各指标上的原始数据，即观测值。其次，测算各经济体各二级指标的营商便利度分数，主要通过指标观测值X_i和三个参数来测算，三个参数包括：最佳表现参数X_{best}和最差表现参数X_{worst}，以及最佳表现参数和最差表现参数差值的绝对值A_{bs}（$X_{worst}-X_{best}$）。❶

世界银行营商指标体系会视经济体表现、指标设定等情况，科学确定各指标的最佳表现参数和最差表现参数。再次，根据各项主题下

---

❶ 潘加顺. 世界银行营商环境指标体系研究［J］.中国工程咨询，2019年（09）.

二级指标便利度得分和权重，加权得到十大一级指标的营商便利度分数。最后，再根据一级指标便利度分数和权重，加总得到各经济体营商环境分数和排名。

（五）世界银行营商环境评价结果

1. 我国营商环境综合评估概况

根据世界银行评价，我国营商环境一直保持在全球中等偏上水平，即在190个被评价经济体中位列第31～6位。2018年以来，我国营商环境排位显著提升，2018年[1]大幅提升32位，首次进入全球前50，位居世界第46位；2019年[2]再次提升15位，跻身全球前40位，位居世界第31位。从具体得分来看，2019年我国营商环境便利度总得分为77.9分，不仅远超东亚及太平洋地区平均水平，也超过印度、南非、巴西等金砖国家，与日本（78.0分）、澳大利亚（78.7分）、法国（76.8分）等发达国家营商环境水平相当。这在近年来世界各国高度重视营商环境建设、国际竞争日趋激烈、我国发展基础相对薄弱的大背景下，取得如此成绩实属不易。

我国连续两年跻身全球改革步伐最快前十。根据世界银行报告，我国的营商环境改革涵盖了《全球营商环境报告》从开办企业到办理破产的大部分指标。在"执行合同""获得电力"等领域，我国目前已接近或位于全球最佳实践的前沿。根据世界银行分析，我国的成功有六个主要驱动因素，即高层领导对改革议程的重视、地方的政策试验、

---

[1] 对应世界银行《2019年全球营商环境报告》，数据止于2018年5月1日。
[2] 对应世界银行《2020年全球营商环境报告》，数据止于2019年5月1日。

国内外知识交流、对改革议程的强大执行力及结果问责、私营部门的积极参与和电子政务服务的广泛运用。2006—2019年我国营商环境排名及营商环境指数如图1-2所示。

图1-2 2006—2019年我国营商环境排名及营商环境指数

2. 我国营商环境分指标评估概况

根据世界银行《2020年全球营商环境报告》，在具体指标上，"开办企业""获得电力""登记财产""保护少数投资者"和"执行合同"五个指标排名靠前，均位列全球前30；特别是"执行合同"和"获得电力"指标，分别凭借较低的执行成本、较高的司法程序质量以及快捷的电力开通手续、零成本的电力报装费用，位列全球第5位和第12位，属全球前沿水平；"办理施工许可"改善幅度最大，从121位大幅提升88位至全球第33位，实现了弯道超车；"跨境贸易""办理破产"等指标排名也实现了不同幅度的提升；"纳税"指标全球排名105位，"获得信贷"指标全球排名80位，仍有较大提升空间。DB2019/DB2020我国各指标得分情况对比如图1-3所示，各指标排名及得分变化见表1-6。

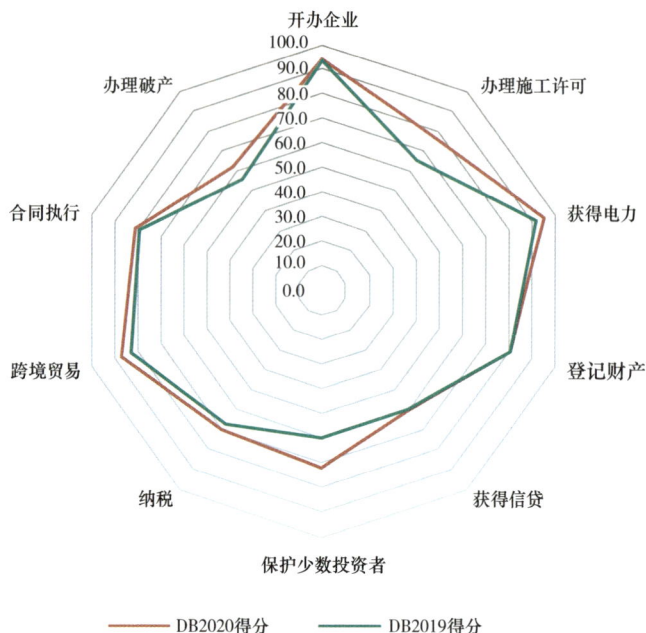

图1-3 DB2019/DB2020我国各指标得分情况对比 ❶

表1-6   DB2019/DB2020我国各指标排名及得分变化

指标	DB2020排名	DB2020得分	DB2019排名	DB2019得分
总体	31	77.9	46	74
开办企业	27	94.1	28	93.4
办理施工许可	33	77.3	121	65.2
获得电力	12	95.4	14	92
登记财产	28	81	27	80.8
获得信贷	80	60	73	60
保护少数投资者	28	72	64	62

❶ DB2019指 Doing Business 2019，评价周期为2017年6月2日—2018年5月1日，对应世界银行《2019年全球营商环境报告》；DB2020指 Doing Business 2020，评价周期为2018年5月—2019年5月，对应世界银行《2020年全球营商环境报告》。

续表

指标	DB2020排名	DB2020得分	DB2019排名	DB2019得分
纳税	105	70.1	114	67.9
跨境贸易	56	86.5	65	83.4
执行合同	5	80.9	6	79
办理破产	51	62.1	61	55.8

四 "获得电力"指标评价现状

由于电已成为企业正常运营不可或缺的要素,从2010年起,世界银行把"获得电力"作为营商环境一级评价指标。该指标能够有效衡量地区电力营商环境,包括"环节""成本""时间""供电可靠性和电费透明度"四个二级指标。我国大陆区域的"获得电力"指标,是以上海和北京为样本,经过调研分析计算得出,上海和北京指标权重分别为55%、45%。

(一)指标内涵

"获得电力"指标反映了企业获得电力供应的难易程度,包括四个二级指标,分别是获取电力的环节(手续)、获取电力所需时间(天数)、获取电力成本(电力接入费用占该经济体人均收入的百分比)以及供电可靠性和电费透明度,单个指标权重为25%。其中,"环节""时间""成本"的数值越低越好,"供电可靠性和电费透明度"的得分越高越好。世界银行"获得电力"指标体系及权重见表1-7。

表1–7　　　　　　　世界银行"获得电力"指标体系及权重

编号	指标（DTF）	说明	权重
1	接电服务环节数量（P）	提交所有的相关材料以及所有必要的前置许可	25%
	接电服务环节数量（P）	完成所有必要的审查	
		获得外部安装工作以及购买所需相关材料	
		完成所有的协议并获得最终接电	
2	完成每个环节所需要的时间（自然日）（T）	每个环节是否需要至少一个自然日	25%
		每个环节在一个独立的自然日开始	
		不包括收集信息的时间	
		反映实际接电的时间（几乎不需要跟进，无需事先联系政府官员）	
3	完成每个流程所需成本（占人均收入的百分比）（C）	官方成本，没有贿赂	25%
		不包括增值税	
4	供电可靠性和电费透明度（0~8）（RST）	断电频率和断电时长（SAIDI和SAIFI）（0~3）	25%
		监测断电工具（0~1）	
		恢复供电工具（0~1）	
		对电网表现的监管类监测（0~1）	
		限制停电的财务遏制措施（0~1）	
		电费透明公开（0~1）	
5	电价（美分/千瓦时）	按照商业仓库每月缴纳的电费账单测量	不纳入计算

（二）方法论❶

"获得电力"记录企业为一个标准化仓库获得永久性电力连接的所有手续，包括向电力企业提出申请并签订合同、从电力企业和其他机构办理一切必要的检查和审批手续，以及外部的和最终的连接作业。调查问卷将该过程细分为具体的步骤并计算完成每个步骤所需的时间和成本。此外还包括供电可靠性和电费透明度（涵盖在加总的营商环境分数及营商便利度排名中），以及电力价格（未包含在综合排名中）两项指标。"获得电力"排名由它们分数的排序决定。这些分数是每个分指标（除了电力价格）分数的简单平均值。

为了使190个国家和地区营商环境评价数据具有可比性，世界银行提出了一个标准的案例研究，并构建了一个标准化企业，对仓库、电力连接和月用电量作出了假设。

世行"获得电力"评估对仓库的假设如下：

（1）仓库归某位当地企业家所有。

（2）仓库位于经济体最大的商业城市。对11个经济体也收集第二大商业城市的数据。

（3）仓库处于该城市其他类似仓库一般位于的区域。在这个区域内新电力连接不具备享受特殊招商引资政策的资格（例如，提供补贴或快捷服务）。

（4）仓库所处位置无物理限制。比如，不靠近铁路。

（5）仓库为新建设施，属于首次接通电力。

---

❶　来源于世界银行官网"方法论"一栏。

（6）仓库共有2层，均在地上，总面积约为1300.6平方米（14000平方英尺），仓库占地面积为929平方米（10000平方英尺）。

（7）仓库用于存放货物。

世行"获得电力"评估对通电线路的假设如下：

（1）通电线路为永久性连接线路。

（2）通电线路为三相、4线Y型连接、140千伏安（申请的容量），功率因数为1的电力连接线路。这里假设1千伏安等于1千瓦时。

（3）通电线路的连线长为150米。该线路可能连接低压或中压配电网，可能是高架或地下线路，只要是仓库所在经济体和所在区域更为常见的线路形式即可。

（4）通电线路的电线连接作业涉及穿越一条10米宽的道路（进行挖方、高架线路等类似作业），但是这些工程作业均在公共土地上完成。工程作业不会进入其他所有者的私有财产，因为仓库有道路可通。客户私产范围内的长度可忽略不计。

（5）通电线路不需要安装仓库内部接线的工作。这些工作已经完成，包括客户的维修面板或配电盘以及仪表基座。

世界银行"获得电力"评估对一月用电量的假设如下：

（1）假设仓库运行每天8小时，从早上9点到下午5点，每个月30天，设备平均利用率为80%，且无断电发生（为简单而作的假设）。

（2）月消耗量为26880千瓦时，每小时消耗112千瓦时（26880千瓦时/30天/8小时）。如果有多家电力供应商，仓库选用最便宜的供应商。

（3）当年一月的电费将被用于计算仓库的电力价格。虽然一月有31天，为了计算简便只算30天。

在这些假设的基础上，世界银行营商环境报告团队制定了"获得电力"需要的4个二级指标："手续"（环节）、"时间""成本""供电可靠性和电费透明度"。

"手续"（环节）是指企业员工或其主要电气技师或电气工程师（即可能已经完成内部布线的人员）与公共电力配送公司、供电公司、政府机构、电力承包商和电力公司等外部各方之间的任何互动。公司员工之间的互动以及内部布线的相关步骤，比如内部电气安装计划的设计与执行等不视为手续。必须在同一个公共事业公司的不同部门完成的手续被视为不同的手续。

这里假设企业的员工自行完成所有手续，除非强制规定要使用第三方（例如，只允许由在公共事业公司注册的电气技师提交申请的情况）。如果企业可以但没被要求申请使用专业人士的服务（比如用私营公司），那么，在这些手续是通用做法的情况下则要加以记录。

通常外部工程会被算为一个手续，无论是由公用电力公司还是由私人承包商进行。但是，如果满足以下两个条件，外部工程和仪表安装可视为一个独特的手续：外部工程和仪表安装均由同一公司/机构执行；客户在外部工程和仪表安装之间没有额外的互动，例如签署供电合同或者是支付保证金。如果需要进行内部接线检查或获取安装的相关认证才可获得新的电力连接，则将其视为手续。但是，如果内部检查和仪表安装同时进行，且没有额外的跟进或需要通过单独的请求，则将它们计为一个程序。

"时间"是指完成整个获得电力过程的时间，按日历天数记录，这一指标取完成一项手续所需时间的中间值，这个时间是电力公共事业公司和专家们指出的在实际中在后续工作最少且没有额外付款的情况下需要的时间，而不是法律规定的完成手续的时间。这里还假设每项手续所需的时间至少为1天。尽管不同的手续可能会同时办理，但它们不可能在同一天开始（即同时办理的手续，在连续不同的日期开始）。这里假设公司不会浪费时间而且承诺将尽快完成每项剩余手续。公司收集信息所用的时间不计算在内。这里假设公司从一开始便了解接通电力的所有要求和它们的顺序。

"成本"是指在完成整个获得电力过程中，客户所花费的成本占当地人均收入的百分比，包括政府审批、申请电力连接、接受现场和内部布线检查、采购材料、施工接电以及缴纳保证金等全过程涉及的成本。当地专家提供的信息以及具体的法规和收费明细表是来源依据。如果当地合作伙伴提供了不同的估算数据，则采用报告值的中值。在任何情况下，贿赂均不含在成本之中。其中，"保证金"是指公共事业公司可能要求支付保证金，以防止出现客户可能无法支付其消费账单的情况。因此，向新客户征收的保证金通常是按客户预估消费额来计算。

"供电可靠性和电费透明度"包括六个部分，分值范围在0到8之间（见表1-8），分值越高表明供电可靠性和电费透明度越高。

《全球营商环境报告》用系统平均中断时长指数（SAIDI）和系统平均中断频率指数（SAIFI）来衡量每个经济体最大商业城市停电的时长和频率（对11个经济体还收集了第二大商业城市的数据）。SAIDI是接受服务的一个客户一年当中停电的平均总时长，而SAIFI是一个客户一年中经历的服务中断的平均次数。有关SAIDI和SAIFI的年度数据（日历年）是从输配电公司和国家监管机构处获取的。SAIDI和SAIFI都应当包含了计划内和计划外停电以及甩负荷的数据。

　　如果一个经济体满足两个条件，则有资格在供电可靠性和电费透明度方面获得分数：第一，该经济体的公用事业公司必须收集所有种类的停电数据（衡量对每个客户的平均停电总时长和平均停电次数）；第二，SAIDI值必须低于100小时的阈值且SAIFI必须低于100次停电的阈值。

　　如果停电太频繁或持续时间太长以至于电力供应无法被视为可靠的——即如果SAIDI值或SAIFI值超过一定的阈值，则经济体没有资格获得分数。如果没有收集停电数据或者只收集了部分数据（例如，SAIDI和SAIFI指数的计算中没有包含计划内停电或者甩负荷），又如果计算SAIDI和SAIFI指数中所使用的最短停电时间超过5分钟，则经济体也没有资格在该指数上获得分数。

表1-8　　　　　　　　供电可靠性和电费透明度指标体系

供电可靠性和电费透明度考核分类	分值	评分规则
SAIDI和SAIFI的数值	0~3	SAIDI和SAIFI小于等于12（相当于每月停电1小时），可得1分；SAIDI和SAIFI小于等于4（相当于每季度停电1小时），可得1分；SAIDI和SAIFI小于等于1（相当于每年停电1小时），可得1分
输配电公用事业公司采用监测停电的工具	1	公用事业公司用自动化工具，比如监控和数据采集（SCADA）系统，可得1分；只依赖客户来电人工记录和监测停电，不得分
输配电公用事业公司采用恢复电力供应的工具	1	公用事业公司用诸如SCADA系统等自动化工具，可得1分；只依赖实地工作人员或维护人员等人工方式恢复服务，不得分
监管机构（即是独立于公用事业公司的实体）是否监督公用事业公司在供电可靠性方面的表现	1	监管机构进行定期或实时的检查，可得1分；监管机构对停电不进行监督且不要求公用事业公司就供电可靠性进行报告，不得分

续表

供电可靠性和电费透明度 考核分类	分值	评分规则
是否有财务上的遏制措施来限制停电	1	在停电超过一定限额的情况下公用事业公司需要对客户进行赔偿，或在停电超过一定限额的情况下监管机构将对公用事业公司进行罚款，或这两个条件都得到了满足，可得1分；不存在任何类型的停电补偿机制，不得分
对电力客户而言，电费是否透明且易于获知	1	有效电费可以在网上查看且电费变化会在下一个结算周期（即一整个月）之前通知客户，可得1分；有效电费不可以在网上查看且电费变化不会在下一个结算周期（即一整个月）之前通知客户，不得分

（三）评价结果

在"获得电力"方面，我国取得的进步尤为显著。2018年之前，我国"获得电力"指标落后于发达国家，徘徊在92～124名的中游区域，始终落后于总体营商环境评价成绩。《2018年全球营商环境报告》显示，我国"获得电力"指标得分68.83分，排名第98位，具体情况如表1-9。

表1-9　　　　　　DB2018[1] 我国"获得电力"评价情况

指标 分类	北京评 估结果	北京评 估得分	上海评 估结果	上海评 估得分	我国评 估结果	我国评 估得分	备注
合计	—	66.78	—	70.51	—	68.83	
环节	6	50	5	66.67	5.5	59.17	较最佳表现多2.5个

---

[1]　DB2018指 Doing Business 2018，评价周期为2016年5月—2017年5月，对应世界银行《2018年全球营商环境报告》。

续表

指标分类	北京评估结果	北京评估得分	上海评估结果	上海评估得分	我国评估结果	我国评估得分	备注
时间	141	46.52	145	44.78	143.2	45.57	较最佳表现多123天
成本	356.2	95.6	355.8	95.61	355.98	95.61	较最佳表现多356个百分点
供电可靠性和电费透明度	6	75	6	75	6	75	较最佳表现少2分

　　2018年第一次国务院常务会议专门部署了包括"获得电力"领域在内的多个事项，要求大幅精简审批、压缩办理时间，持续提升我国营商环境的国际排名。在国家能源局的牵头组织下，电网公司、地方政府深入贯彻落实国家重大决策部署，一场电力服务理念与方式的深刻变革，以京沪两地为起点，走向全国，影响世界。《2020年全球营商环境报告》显示，我国"获得电力"指标排名由第98位跃升至第12位，连续2年保持全球领先水平，为我国营商环境全球排名从第78位提升至第31位作出重要贡献，在10项指标中贡献度第2，"获得电力"指标被世界银行评价为"已接近或位于全球最佳实践的前沿"。

　　当前我国"获得电力"二级指标评价结果为：办电环节2个。通过取消"非重要客户设计审查和中间检查"环节，合并"现场勘查和供电方案答复、外部工程施工与竣工检验、合同签订与装表接电"环节，低压小微企业客户办电环节数由"申请受理、方案答复、设计审查、中间检查、竣工验收、装表接电"压减至"受理签约、施工接电"2

个。少于东亚及太平洋国家的平均4.2个，OECD国家平均4.4个，达到全球最佳水平。

办电时间为32天。通过推出线上服务减少客户办理时长，推行占掘路免审批，实施公开透明的标准化工程管理、创新低压外电源建设管理模式极大地缩减协同时长，同时推动政府部门简化涉电审批手续，加快工程建设和业务办理速度，实现2019、2020年低压小微企业客户平均接电时间分别控制在15天和10天内。但世界银行受评价周期（2018年5月—2019年5月）影响，目前仍认定我国办电时间为32天，较2018年的34天有所减少，同期东亚及太平洋国家平均63.2天，OECD国家平均74.8天。

办电成本为0，即全过程免费。将低压供电的用电设备容量提高至160千瓦，降低接电复杂程度与成本造价，同时延长投资红线至客户表箱，优化供电方案，推行典型设计和通用物料，实现低压小微企业客户接入电网工程全免费。同期东亚及太平洋地区经济体的平均花费占人均收入比重为594.6%、OECD国家的平均花费占人均收入比重为61.0%。当前全世界仅我国、日本、阿联酋3个经济体接电全免费。

供电可靠性和电费透明度方面，得分为7分。通过优化电价发布政策机制，出台文件明确至少提前一个月发布终端电价调整政策信息，提高电费透明度；出台并执行了停电财务遏制举措，但仍待世界银行确认结果。

经过各方不懈努力，我国"获得电力"指标已位居世界前沿水平，先进程度超过了部分欧盟国家的水平，领先于东亚太平洋地区其他经济体，体现出我国"电力强国"的水准。针对办电时长尚未被认可的情况，国网北京电力将进一步完善改革举措的配套政策保障，强化对于全流程改进、全方位开展改革的举措和成效的宣贯工作，确保改革举措扎实可行并被世界银行认可，进一步提升北京"获得电力"影响力。同时，国网北京电力将以"获得电力"为抓手，借鉴国内外成功经验，进一步拓展"获得电力"内涵，扩大服务提升范围，持续改善供电服务水平，推进北京营商环境市场化、法治化、国际化，切实提升客户体验和感知。DB2014—DB2020我国"获得电力"指标变化情况见表1-10。

表1-10　　DB2014—DB2020我国"获得电力"指标变化情况

年份 / 类别	DB2014	DB2015	DB2016	DB2017	DB2018	DB2019	DB2020
排名	119	124	92	97	98	14	12
获得电力得分	66.19	65.39	65.53	65.6	65.71	92.01	96.35
环节数量	5.45	5.45	5.45	5.45	5.45	3	2
环节得分	59.17	59.17	59.17	59.17	59.17	100	100
时间	143.2	143.2	143.2	143.2	143.2	34	32
时间得分	45.57	45.57	45.57	45.57	45.57	93.04	93.91
成本	499.5	459.4	413.3	390.4	356	0	0
成本得分	93.83	94.33	94.9	96.18	96.61	100	100
供电可靠性和电费透明度		5	5	5	5	6	7
得分		62.5	62.5	62.5	62.5	75	87.5

五　优化营商环境改革发展历程

　　自2003年《全球营商环境报告》发布以来，各国开始关注营商环境建设，以期优化营商环境、促进经济发展。我国营商环境改革的发展历程大致可以分为起步阶段、探索阶段、全面深化改革阶段和高质量发展阶段。党的十八大以来，我国以"放管服"为核心，持续推进简政放权、放管结合、优化服务改革，在优化营商环境方面取得了巨大进展。2017年习近平总书记在中央财经领导小组会议上强调要"营造稳定公平透明、可预期的营商环境"后，营商环境逐步成为社会各界关注的热点议题。2019年国务院正式发布《优化营商环境条例》，从法律层面为优化营商环境提供了更为有力的保障和支撑。2020年党的十九届五中全会提出要逐步形成以国内大循环为主体、国内国际双循环相互促进的新发展格局，强调坚持"两个毫不动摇"，突出新发展理念的引领作用，更需要坚持优化营商环境，支持服务经济高质量发展。优化营商环境改革历程如图1-4所示。

图 1-4　优化营商环境改革历程

（一）我国优化营商环境改革发展历程❶

1. 起步阶段（1978—2000年）

此阶段主要通过出台鼓励个体私营经济和外商投资发展的政策，推动个体私营经济萌生和外商投资企业发展。这一阶段政策的突破为我国优化营商环境政策的诞生奠定了基础。这一时期优化营商环境政策特点主要表现在以下两方面。

一是鼓励个体私营经济发展，明确非公有制经济是我国社会主义市场经济的重要组成部分。1978年，党的十一届三中全会作出把工作重点转移到社会主义现代化建设上来的历史性决策；1982年，宪法规定，在法律规定范围内的城乡劳动者个体经济是社会主义公有制经济的补充，其合法的权利和利益受到国家保护；1988年，宪法修正案指出，私营经济是社会主义公有制经济的补充；1993年，党的十四届三中全会提出，国家要为各种所有制经济平等参与市场竞争创造条件，对各类企业一视同仁；1999年，宪法修正案规定，在法律规定范围内的个体经济、私营经济等非公有制经济，是社会主义市场经济的重要组成部分。国家保护个体经济、私营经济的合法的权利和利益。

二是鼓励外商投资，吸引外资企业进入我国市场。1979年，《中华人民共和国中外合资经营企业法》颁布，允许外国公司、企业和其他经济组织或个人，按照平等互利的原则，经我国政府批准，在中华人民共和国境内，同我国的公司、企业或其他经济组织共同举办合营企

---

❶ 胡税根，吴道弛，李超. 我国优化营商环境政策研究［J］. 领导科学论坛，2020（23）：31-42.

业；1986年，《中华人民共和国外资企业法》颁布，允许外国的企业和其他经济组织或者个人在我国境内举办外资企业；1988年，《中华人民共和国中外合作经营企业法》颁布，依法保护合作企业和中外合作者在我国境内的合法权益。至此，"外资三法"形成，成为此后我国利用外资、拓展国际经济技术合作的基础性法律。1992年，邓小平同志南方谈话后，对外开放新格局开始形成。1994年，我国开始实行人民币汇率并轨，为我国与国际贸易规则接轨创造了条件。

2. 探索阶段（2001—2012年）

此阶段主要通过出台促进私营经济发展、推动国内企业与国际接轨和深化行政审批制度改革等政策，减少行政桎梏，突破体制性障碍，建立包括民营经济、外资经济等各种所有制经济公平竞争的市场体系。这一时期优化营商环境政策特点主要表现在以下三方面：

一是促进私营经济进一步发展，消除私营经济生产经营过程中的壁垒，形成各种所有制经济平等竞争的市场格局。2002年，党的十六大报告提出要"毫不动摇地鼓励、支持和引导非公有制经济发展"；2005年，国务院出台《关于鼓励支持和引导个体私营等非公有制经济发展的若干意见》，作为我国首部以中央政府名义颁布的促进非公有制经济发展的政策文件，其重点在于放宽非公有制经济的市场准入限制；2007年，党的十七大报告首次提出要"平等保护物权，形成各种所有制经济平等竞争、相互促进新格局"；2010年，国务院出台《关于鼓励和引导民间投资健康发展的若干意见》，以拓宽民间资本进入的领域和范围。

二是致力于对标世界贸易组织规则，为与国际贸易接轨创造良好

体制环境。2004年4月，新修订的《中华人民共和国对外贸易法》颁布实施，以扩大对外开放，发展对外贸易，维护对外贸易秩序，保护对外贸易经营者的合法权益；同年6月，商务部制定《对外贸易经营者备案登记办法》，提出从事货物进出口或者技术进出口的对外贸易经营者，应向中华人民共和国商务部或商务部委托的机构办理备案登记，外贸经营权开始由审批制转为登记制。

三是改革行政审批制度，减少行政审批事项，引导行政审批步入法治化轨道。2001年9月，国务院行政审批制度改革工作领导小组成立，行政审批制度改革在全国范围内启动；同年10月，国务院批转《关于行政审批制度改革工作实施意见》作为改革工作的指导文件，提出对不符合政企分开和政事分开原则、妨碍市场开放和公平竞争以及实际上难以发挥有效作用的行政审批予以取消，对可以用市场机制代替的行政审批通过市场机制运作；2002年，党的十六大报告提出要减少和规范行政审批；2003年，十届全国人大常委会第四次会议通过了《中华人民共和国行政许可法》，行政审批权力正式走入制度的"笼子"；2007年，党的十七大报告提出，规范行政行为，加强行政执法部门建设，减少和规范行政审批，减少政府对微观经济运行的干预；2002—2012年，国务院发布系列政策，分六批取消和调整了两千余项行政审批事项。

3. 全面深化改革阶段（2013—2016年）

此阶段主要通过出台完善现代市场体系和构建开放型经济体系的政策，规范政府权力，界定政府、市场和社会的边界，激发市场活力和社会创造力。2013年，党的十八届三中全会召开，对我国全面深化

改革作出总体部署。全会指出，要紧紧围绕使市场在资源配置中起决定性作用深化经济体制改革。基于此，这一时期优化营商环境政策特点主要表现在以下两方面。

一是通过完善现代市场体系，规范行政裁量权，加强市场监管，进一步推进形成公平竞争的市场体系。2013年修订版《中华人民共和国公司法》和2014年《注册资本登记制度改革方案》的出台，调整了公司设立制度，降低了公司设立门槛；2014年，国务院印发《关于促进市场公平竞争维护市场正常秩序的若干意见》，以完善监管体系，促进市场公平竞争，维护市场正常秩序；2015年，国务院印发《关于"先照后证"改革后加强事中事后监管的意见》，提出创新监管方式，构建权责明确、高效透明的事前事后监管机制。

二是致力于推进口岸便利化，促进国际国内市场的深度融合和要素的自由流动，构建开放型经济体系，加快形成国际经济合作竞争新优势。2014年，在外贸发展形势严峻、下行压力较大的背景下，国务院办公厅印发《关于支持外贸稳定增长的若干意见》，以增加对先进技术设备、关键零部件和与群众生活密切相关、必要的一般消费品进口的支持；2015年4月，国务院印发《关于改进口岸工作支持外贸发展的若干意见》，以适应新形势、新要求，推动我国外贸行业的稳定增长和转型升级；同年12月，国务院印发《关于加快实施自由贸易区战略的若干意见》，提出逐步构筑立足周边、辐射"一带一路"、面向全球的高标准自由贸易区网络。

4. 高质量发展阶段（2017年至今）

这一阶段主要通过出台深化"放管服"改革的便利化措施，打造更高水平的市场化法治化国际化营商环境，推动有效市场和有为政府更好结合，促进我国经济高质量发展。2017年，党的十九大召开，作出了"中国特色社会主义进入了新时代""我国经济已由高速增长阶段转向高质量发展阶段"和"我国社会主要矛盾已经转化为人民日益增长的美好生活需要和不平衡不充分的发展之间的矛盾"等重要论断。基于此，这一时期优化营商环境政策的特点主要表现在以下四方面。

一是持续推进营商环境便利化改革进程，深化简政放权、放管结合和优化服务，减少政府对市场的直接干预，降低企业的制度性交易成本。2019年，国务院办公厅印发《全国深化"放管服"改革优化营商环境电视电话会议重点任务分工方案》，把简政放权、公正监管和优化政府服务细分为计划明确、路径明晰的改革部署；2020年，国务院发布新版重点任务分工方案，突出宏观政策和深化"放管服"改革的结合。

二是推动完善市场化营商环境，以市场主体需求为导向，优化市场资源配置，激发中小企业发展活力，营造稳定、公平、透明、可预期的良好营商环境。2018年，国务院办公厅发布《关于聚焦企业关切进一步推动优化营商环境政策落实的通知》，目标是破解企业投资生产经营中的"堵点""痛点"，回应市场主体的期待和需求；2020年，党的十九届五中全会召开，提出要优化民营经济发展环境，依法平等保护民营企业产权和企业家权益，破除制约高质量发展、高品质生活的体制机制障碍。

三是推进科学立法，强调依法行政，夯实营商环境法治基础。2019年，党的十九届四中全会通过《中共中央关于坚持和完善中国特色社会主义制度　推进国家治理体系和治理能力现代化若干重大问题的决

定》，重申要提高党依法治国、依法执政能力；同年，国务院公布的《优化营商环境条例》，将"放管服"改革中行之有效的优化营商环境实践经验上升为系统性、纲领性的法规，以推动国家加快建立统一开放、竞争有序的现代市场体系，为各类市场主体营造稳定、公平、透明、可预期的良好环境。

四是遵循国际贸易通行规则，保障外商投资权益，吸引高质量外商投资，建设更高水平的对外开放，打造更优的国际化营商环境。2017年，党的十九大报告提出实行高水平的贸易和投资自由化便利化政策，全面实行准入前国民待遇加负面清单管理制度；2019年，十三届全国人大二次会议通过的《中华人民共和国外商投资法》，对外商投资在我国境内的投资准入、投资促进、投资保护、投资管理等作出了统一规定，这是我国外商投资领域新的基础性法律；2020年，党的十九届五中全会召开，提出建设更高水平开放型经济新体制的目标，推动贸易和投资自由化便利化，推进贸易创新发展，增强对外贸易综合竞争力。

（二）北京市优化营商环境发展历程

北京市委、市政府高度重视优化营商环境。自2017年开始，先后出台了《关于率先行动改革优化营商环境实施方案》《北京市进一步优化营商环境行动计划（2018—2020年）》《北京市新一轮深化"放管服"改革优化营商环境重点任务》《北京市进一步优化营商环境更好服务市场主体实施方案》，分别是优化营商环境1.0版、2.0版、3.0版、4.0版改革政策。改革举措向纵深推进，改革举措数量从35项增至277项，改革重点1.0版聚焦"减环节、减时间、减成本、增加透明度"，

2.0版扩展到"减流程、优服务、降成本、强监管"4个方面，3.0版围绕企业创新创业、投资贸易、市场竞争、法治保障等重点领域，通过商事制度改革、知识产权保护、司法保障等12个重点任务深化"放管服"改革，4.0版以清除隐形壁垒、优化再造审批流程、加强事中事后监管和加快数字政府建设为重点，优化投资建设、市场、外资外贸、就业、政务等7方面环境，在改革深度和广度上都有扩大。北京市营商环境改革发展路径如图1-5所示。

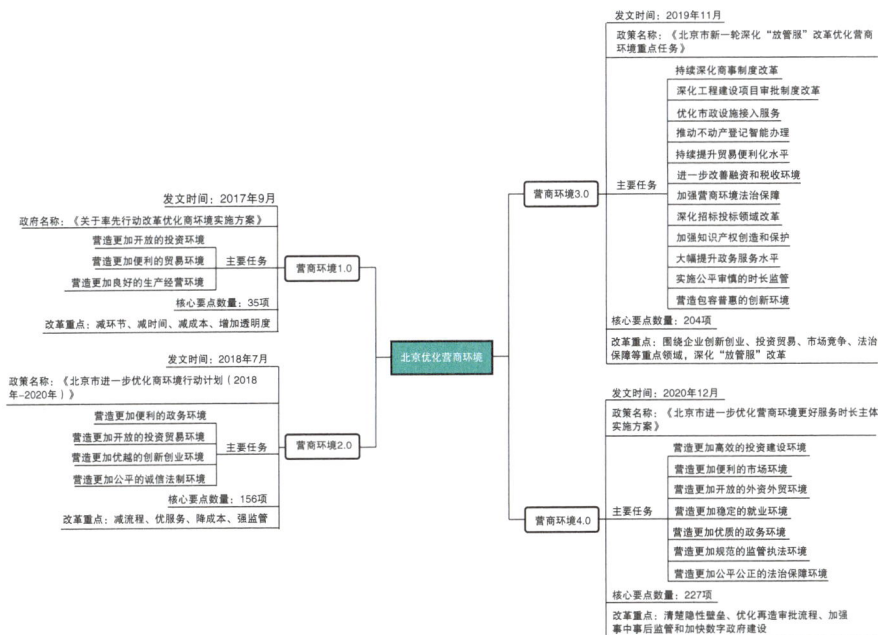

图1-5 北京市营商环境改革发展路径图❶

北京作为世界银行评价我国营商环境的样板城市，连续2年在全国评价中综合排名位列第一。2019年，国务院办公厅下发文件，在全国

---

❶ 解读《北京市进一步优化营商环境更好服务市场主体实施方案》，国脉电子政务网。

推广北京营商环境改革28项做法经验，2020年11月国务院第七次大督查又把"北京市做实做细做好深化'放管服'改革工作打造国际一流营商环境"作为典型经验做法给予公开通报表扬。

1. 优化营商环境1.0（2017年9月—2018年6月）——聚焦"减环节、减时间、减成本，增加透明度"

2017年推出《关于率先行动改革优化营商环境实施方案》（简称《方案》），26项改革任务、共136条具体政策清单，被称为北京优化营商环境1.0版改革。

（1）1.0版改革目标：全面解决企业在北京投资经商过程中，反映最突出、最强烈的问题，减少企业的各种羁绊。

（2）1.0版改革内容：《方案》从投资环境、贸易环境、生产经营环境、人才环境、法治环境五大方面，一共制定了26项改革任务，以提高政府服务效率，破解北京营商环境问题，最大程度地利企利民。在投资环境方面，如将在北京经济技术开发区率先实行企业投资项目承诺制，以大幅提高审批效率并逐步总结推广；总结海淀区工商登记全程电子化试点经验，逐步扩大全程电子化试点范围，实现行政办理人员与企业申请人"零见面"。在贸易环境方面，将推进国际贸易"单一窗口"标准版北京试点建设；在交通枢纽等条件成熟场所试点建设城市候机楼等。在生产经营环境方面，将编制重点产业功能区发展指数，进一步提高重点产业功能区投入产出效率；出台加大市级财政对各区个人所得税征收奖励力度的政策措施等。在人才环境方面，包括将修订人才引进政策标准，研究设立外国人才类《北京市工作居住证》；建设中关村大街、未来科学城、新首钢高端产业综合服务区和望京地区

试点建设国际人才社区等。法治环境方面，包括将依托全市公共信用信息服务平台实现"红黑名单"统一管理和联合惩戒业务协同，实行惩罚性巨额赔偿制度，形成"一处失信，处处受限"的失信惩戒长效机制等。

（3）1.0版改革特点：一是方案所有内容都是直接和企业打交道，具有很强的操作性。二是方案着眼于让信息多跑腿，让百姓少跑路。三是无论是近期、中期还是远期将出台的具体政策，136条政策每一条都已明确责任单位和完成时限，以确保各项改革措施真正落地见效。

2. 优化营商环境2.0（2018年7月—2019年10月）——聚焦"减流程，优服务，降成本、强监管"

2018年11月19日，北京市正式对外发布《北京市进一步优化营商环境行动计划（2018—2020年）》（以下简称《行动计划》），被称为北京优化营商环境2.0版改革，确定了近三年北京市营商环境改革的时间表和"施工图"。

（1）2.0版改革目标：建设全市统一的信用信息平台、全市统一联通的线上线下政务服务大厅、全市统一的企业服务和重大项目平台、全市统一的企业法人服务卡、全市统一的投资项目代码以及全市统一的政务服务标准规范，推行审批事项"马上办、网上办、就近办、一次办"，推进审批服务扁平化、简易化、智能化，全面提升企业和群众办事体验。着力打造北京效率、北京服务、北京标准和北京诚信"四大示范工程"。

（2）2.0版改革内容：此版改革共安排了22项主要任务，并梳理细

化成298项任务清单,着力突出"四个更加":一是通过向技术要效率、向管理要效率,不断提升政务服务效率,让政务环境更加便利。二是围绕企业最关心的投资贸易政策问题,提出具体政策措施,让投资贸易环境更加开放。三是围绕提供更好的创新服务,提出具体任务措施,让创新创业环境更加优越。四是围绕营造公平竞争的市场环境,提出具体任务措施,让诚信法治环境更加公平。

(3)2.0版改革特点:一是更加注重企业需求和用户体验,进一步提升企业和群众获得感。坚持以人民为中心,将企业和群众获得感作为衡量工作成效唯一标准,在改革中主动换位思考,创新支持政策。二是更加注重转变职能和优化流程,进一步打造北京政务服务品牌。把打通制度瓶颈和解决体制机制问题作为营商环境改革重点,推进审批流程再造简化,加快构建和完善有利于市场主体活力竞相迸发的政策、制度和机制。三是更加注重"互联网+政务"建设,进一步推动北京智慧政务上新台阶。深度挖潜大数据、人工智能等技术应用,坚持联网通办是原则、孤网是例外,政务服务上网是原则、不上网是例外,大力推进政务服务"一网通办"。四是更加注重首善标准和国际视野,进一步扩大首都对外开放。坚持改革不停顿、开放不止步,充分借鉴国内外先进经验,结合北京创新发展优势和服务业扩大开放试点,创造更有吸引力的投资和贸易环境。

3. 优化营商环境3.0(2019年11月—2020年11月)——重点关注企业创新创业、投资贸易、市场竞争、法治保障

2019年底,北京市发布《北京市新一轮深化"放管服"改革优化营商环境重点任务》,被称为北京优化营商环境3.0版改革。

（1）3.0版改革目标：坚持解放思想、探索创新，大力推进新一轮深化"放管服"和营商环境改革。力争在关键环节和难点问题、"互联网＋政务服务"、综合窗口建设、"四减一增"、事中事后监管、政务科技场景应用和法治建设七个方面取得突破。

（2）3.0版改革内容：3.0版全面对标企业和群众需求，全方位推进营商环境各领域改革。重点聚焦市场主体反映集中的审批手续多时间长、融资难融资贵、知识产权保护及招投标管理等领域的26项问题，对症下药、精准施策，在工程建设项目审批、跨境贸易、知识产权保护、招标投标等七大重点领域推出101项改革措施。在优化营商环境3.0版改革中，北京将大力推进"同步办、协同办"，实现公用服务与不动产登记同步过户。还将加大基础工作推进力度，通过技术加制度的方式，解决改革中的共性和难点问题。比如，加大科技应用力度，充分利用区块链、人工智能、大数据等新技术，推动企业办事创业更加便捷高效。此外，为内、外资金融进入北京提供全方位的综合保障，拓宽知识产权纠纷解决渠道，加强行业性、专业性知识产权纠纷调解组织建设。

（3）3.0版改革特点：第一，改革力度更大，内容更广、范围更宽、任务更重。3.0版改革在1.0版和2.0版基础上全面对标企业和群众需求，全方位推进营商环境各领域改革。从总量上看，1.0版、2.0版推出了191项改革措施，3.0版改革提出了12个方面204项改革任务，数量超过前两版总和。第二，改革系统性、整体性、协同性更强。3.0版改革力求全面发力、多点突破、纵深推进、压茬拓展营商环境的广度和深度。一是进一步强化市区两级协同高效推进改革，市级牵头改革任务198项，区级牵头配合104项。二是强化系统集成整体推进改革，既

全面落实国家"放管服"部署和要求，又对标国际先进规则和最佳实践，着力解决企业发展当前的痛点堵点问题。三是以企业和群众获得感为导向，解决企业和群众办事不方便的问题，也包括不断提升人才、教育、医疗、卫生等公共服务领域的营商环境改革，统筹各领域改革进展，形成整体效应。第三，改革透明度和参与度更高。坚持开门编制改革任务，问需于民、问策于民，通过多种渠道、多种方式广泛听取社会意见建议，先后召开了133场专题座谈会，共有1094位人大代表、政协委员、企业代表、专家学者提出458条意见建议，并最终转化为3.0版的70项改革措施。

4. 优化营商环境4.0（2020年12月至今）—清除隐形壁垒、优化再造审批流程、加强事中事后监管、加快数字政府建设

自2020年4月28日起，《北京市优化营商环境条例》正式实施。这意味着条例围绕市场环境、政务服务、监管执法、法治保障等明确的一揽子制度性解决方案将在北京落地。2020年12月，北京市政府办公厅印发了《北京市进一步优化营商环境更好服务市场主体实施方案》，这是2017年9月以来，北京市第4次集中出台的一批优化营商环境改革举措，也被称为北京优化营商环境4.0版改革。4.0版本改革的落地，不论是从涉及领域还是改革措施数量，均是前三版的集合与延伸。

（1）4.0版改革目标：进一步聚焦市场主体关切，以坚决清除隐性壁垒、优化再造审批流程、加强事中事后监管和加快数字政府建设为重点，有效推进重点领域、关键环节和突出问题改革，打造与高质量发展相适应的国际一流营商环境。

（2）4.0版改革内容：具体来说，包括7大环境及保障措施，任务也从3.0版204项的基础上增加到277项，改革的力度更大、范围更宽、内容更丰富。一是以业务协同数据共享为抓手，营造更加高效的投资建设环境。二是以多元市场主体需求为导向，营造更加便利的市场环境。三是以降低成本提供便利为切入，营造更加开放的外资外贸环境。四是以落实"六保""六稳"为指导，营造更加稳定的就业环境。五是以推进数字政府建设为契机，营造更加优质的政务环境。六是以建立包容审慎监管为核心，营造更加规范的监管执法环境。七是以提高审判执行质效为目标，营造更加公平公正的法治保障环境。

（3）4.0版改革特点：4.0版改革继续坚持"以人民为中心"更加注重系统性、整体性、协同性，强化系统集成、协同高效；更加注重聚焦关键领域重大问题，破解体制机制障碍。具体来说主要体现在以下三方面。第一，坚持系统谋划。1.0版、2.0版改革主要围绕企业办事流程，在减环节、减时间上下功夫；3.0版主要围绕重点领域深化营商环境改革，围绕商事制度等12个领域提出一系列改革措施；4.0版则从投资建设、外资外贸、监管执法等7大环境全面推进改革，改革覆盖面更广、系统性更强。第二，坚持整体推进。4.0版坚持从改革的全局和整体出发谋划改革，针对市场主体反映的痛点难点问题集中发力，充分把握各领域、各部门之间的相互联系和相互作用，围绕"一件事"的全流程共同推进改革，提高改革的整体效能。第三，坚持协同高效。目前，优化营商环境已进入攻坚期，4.0版改革更加注重上下联动、协同配合，加强部门、区域改革的步调协同一致，形成合力不断将改革推深做实。

（三）国家电网公司优化电力营商环境发展历程

改善营商环境是促进我国经济社会发展、构建现代经济体系的重要基础，优化电力营商环境是国家电网公司落实党中央、国务院决策部署，彰显央企责任、提升服务水平的重要政治任务。国家电网公司在发展过程中深刻认识到优化电力营商环境工作的紧迫性、复杂性、长期性，坚持国际化视野，坚持创新驱动，以打造世界一流、卓越服务的电力营商环境目标为引领，全面开展"获得电力"便利化改革，进一步提高供电可靠性，提升客户办电的便利性、满意度和获得感。

1.2018—2020年：持续优化营商环境，提升供电服务水平

国家电网公司坚持以客户为中心，以提升"获得电力"服务水平、降低企业用能成本等为重点，自2018年起全面开展优化营商环境提质提效行动。

以客户为中心，优化服务体系。为深入贯彻落实习近平新时代中国特色社会主义思想和党的十九大精神，践行"人民电业为人民"的企业宗旨，做好电力先行官，架起党联系群众的连心桥，国家电网公司于2018年1月发布了《国家电网公司关于坚持以客户为中心进一步提升优质服务水平的意见》，推出大力实施八大服务工程、服务电力市场化发展、深化"互联网＋营销服务"、开拓能源服务新业态、解决服务短板、构建供电服务新体系六项举措，根据客户和市场需求变化，优化服务体系，提高全社会普遍服务水平，营造良好营商环境。

实施小微企业供电服务质量提升专项行动。2018年3月，国家电网公司从更好满足人民日益增长美好生活需要的大局出发，以提高小微

企业供电服务质量为重点，对标世界银行评价体系，在北京、上海两地实施小微企业供电服务质量提升专项行动。国网北京、上海电力因地制宜，分别推出了小微企业"三零"（零上门、零审批、零投资）专项服务和"五省五增"（办电更省力、申请更省事、建设更省钱、接电更省时、用电更省心；提增供电保障能力、提增业务流程透明度、提增施工协同效率、提增服务价值、提增品质管控）十大举措，为广大小微企业创立发展提供更大空间、注入新的动能。

全面开展业扩报装接电提质提效行动。国家电网公司重点围绕"三压减、二加强、一提高"（压减流程环节、压减接电时间、压减办电成本、加强服务创新、加强过程监督、提高供电可靠性）六方面工作，全面建立贯穿报装接电全环节的"强前端、大后台"标准化服务体系，积极构建环节少、时间短、造价低、服务优的客户办电新模式。

实施提升供电服务水平两年行动计划。国家电网公司以"获得电力"指标为抓手，启动一系列"提质提效行动"，2018年11月，国网营销部发布了《持续优化营商环境提升供电服务水平两年（2019—2020年）行动计划》，制定了5方面24项具体措施，要求利用两年时间，到2020年，将10千伏及以上大中型企业和低压小微企业办电环节分别压减至4个和3个以内，平均接电时间分别压减至60天和15天以内，实现"获得电力"指标排名稳步提升。

2. 2020年起：打造国际领先电力营商环境

2020年9月25日，经国务院同意，国家发展改革委、国家能源局联合印发《关于全面提升"获得电力"服务水平 持续优化用电营商环境的意见》，"获得电力"工作也迎来新的起点。2020年12月31日，国

家电网公司发布《打造国际领先电力营商环境三年工作方案》，方案确定了因地制宜与分类施策相结合、标杆引领与统筹推进相结合、创新驱动与业态培育相结合、内部管控与外部监督相结合的工作原则，鼓励东部重点城市对标国际标杆，先行先试，力争率先迈入国际领先行列，支持中西部地区加快经验复制推广，逐步达到国内先进或中上水平。

跑出办电新速度，提高客户满意度。国家电网公司明确到2021年年底前，对城市地区160千瓦及以下、农村地区100千瓦及以下小微企业实行"三零"服务，全过程办电时间不超过20个工作日；大中型企业"三省"服务全覆盖。2022年年底前，对160千瓦及以下小微企业全面实行"三零"服务，全过程办电时间压减至15个工作日内。

升级拓展用电服务，提升客户服务体验。国家电网公司大力推动政企信息融合共享、推广线上智能服务、升级营业厅服务体验、提供预约上门服务、规范信息公开、主动接受社会监督。预期2021年年底前，京津冀、长三角、成渝等区域的重点城市及公司经营区内的国家级新区实现政务数据共享，线上办电率达到95%以上，其他地区90%以上；2022年年底前，全面实现政务数据共享，完善线上服务模式，便捷客户办电；2023年年底前，全面构建"获得电力"服务新模式，客户服务满意度99%以上。

第二章

从"三零"首创到卓越服务
——国网北京电力优化营商环境改革历程

CHAPTER

"获得电力"是世界银行营商环境评价体系中的一项重要指标。对于国家电网公司来说,持续提升"获得电力"排名,是服务党和国家发展大局的重大政治任务和重要政治责任。国网北京电力作为国家电网公司服务首都的窗口单位,同时也是离党中央最近的供电企业,肩负着服务首都"四个中心"建设的重任和持续打造优质供电服务品牌的使命。在这项改革任务中,国网北京电力充分发挥引领带动作用,始终坚持高标站位、走在前列,主动对标国际最高标准,以持续提升"获得电力"指标为抓手,以提升小微企业低压接电便捷性为目标,探索出一系列改革新模式和新手段,并逐步推动电力营商环境向市场化、法治化、国际化方向发展。

在国网北京电力的不懈努力下,我国"获得电力"指标排名实现跨越式快速提升,在助力我国营商环境整体排名跃升方面发挥了至关重要的作用,同时为我国持续完善治理体系、提升治理效能,精准推进供给侧结构性改革,推动经济健康发展提供了有力助益。

本部分主要介绍近年来我国世界银行"获得电力"指标排名及各二级指标得分变化情况,并深入分析排名提升背后国网北京电力所采取的一系列关键改革举措。

一 从98位到14位,重拳出击实现飞跃

2017年以前,我国在世界银行营商环境整体评价中一直处于70名以后的位置,其中"获得电力"指标更是徘徊在92~124名的中游区域,落后于发达国家以及东亚及太平洋国家的平均水平,也始终在我国总体营商环境评价排名中处于较为靠后的位置。北京"获得电力"

的接电环节、时间、成本以及供电可靠性和电费透明度四个二级指标均与世界先进经济体存在较大差距，且一直没有采取积极的改革举措来应对这种不利形势。

2017年以来，党中央、国务院、北京市和国家电网公司相继作出优化营商环境、提升"获得电力"水平等重要工作部署，国网北京电力随即成立领导小组，组织着手谋划优化电力营商环境的改革思路和具体举措。自2017年起，国网北京电力以减少办电环节、减少办电时间、减少办电成本、提升客户感知，即"三减一提升"四个方面作为出发点和立足点，通过深入调研客户在"获得电力"过程中的难点、痛点和堵点，探索出一系列优化电力营商环境的创新举措，使运转多年的业扩报装管理运作模式得到了根本性的改变，促进我国"获得电力"排名实现从全球第98位到第14位的飞跃式提升，为激发市场主体活力、服务首都经济社会发展提供了强有力的支撑保障。

（一）"获得电力"排名及各分指标变化情况

2018年10月，世界银行发布《2019年全球营商环境报告》。报告显示，在全球190个经济体中，我国营商环境全球排名由上年的第78位快速跃升至第46位，成为世界银行发布该报告以来我国取得的最好成绩。其中，我国"获得电力"指标排名由上年的第98位跃升至第14位，得分达到92.01分，较上年增加23.18分。"获得电力"排名、得分的提升速度在10个指标中均位居第一。2014—2018年我国营商环境、"获得电力"指标排名如图2-1所示，DB2019我国各指标排名及得分情况如图2-2所示。

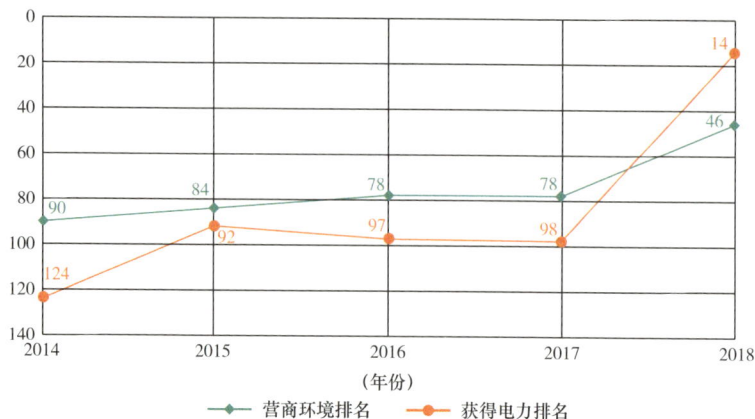

图2-1 2014—2018年我国营商环境、"获得电力"指标排名

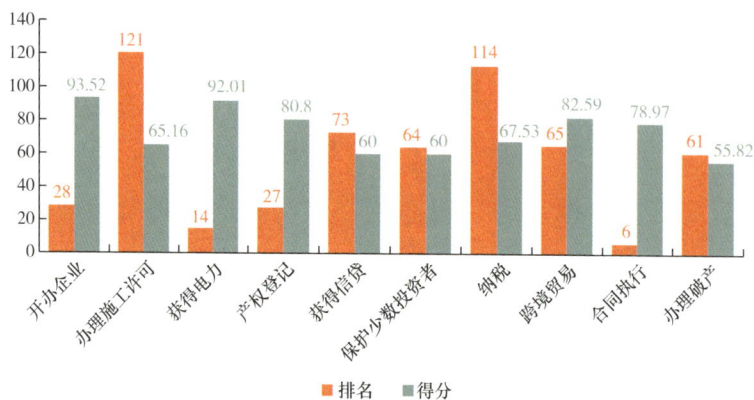

图2-2 DB2019我国各指标排名及得分情况

在这一评价周期中，由于国网北京电力创新重构了低压办电模式，将低压报装容量由100千瓦提升至160千瓦，将原来由客户负责的物资采购、设计施工、政府审批等环节一揽子转移至由电力公司统一组织开展，且将投资范围延伸至客户表箱；再辅以电力公司在内部管理、技术手段上的完善提升，使北京在"获得电力"整体排名和各二级指标得分上均有了突飞猛进的提升。

（1）接电环节数量由6个减少至3个。北京的接电环节数量由上一年度的"报装申请、现场勘察、方案答复、外线工程施工、竣工验收、装表接电"6个环节减少至"报装申请、外部工程实施、签约接电"3个环节，首次优于东亚及太平洋国家的平均4.3个和OECD国家的平均4.5个。实施低压办电模式改革，将原来与用户频繁交互的环节转移至电力公司内部办理，是接电环节数量大幅压降的关键。

（2）接电时长由141天减少至34天。世界银行认定北京的平均接电时间为34天，较上一年度的141天降低了75.9%，低于东亚及太平洋国家的平均65天和OECD国家的平均77.2天。接电时长大幅降低的原因除上文所述的低压办电模式变革外，还包括简化市政府优化占掘路施工审批流程、推行"互联网+营销服务"、应用一体化移动作业终端、优化外线工程全过程管理模式等方面。

（3）接电成本实现客户"零投资"。由于电力公司全额承担了160千瓦及以下容量报装项目中表箱及以上全部设备设施的投资费用，因此在这一评价周期中，北京的客户接电成本由上年的占人均收入比重为356.2%降低为0，即全过程免费，与日本、阿联酋共同成为全世界仅有的3个低压接电全免费国家，达到世界最佳水平。

（4）供电可靠性与电费透明度指标中的"停电持续时间与频率"指标得分由2分提升至满分3分。由于国网北京电力加大电网投资力度、优化电网运维管理模式以及大力推行不停电作业检修模式，使北京电网的系统平均停电持续时间（SAIDI）指标值由上年的1.2降低至0.8，达到"SAIDI和SAIFI值均小于等于1"的世界银行满分认定标准，因此"停电持续时间和频率"指标项得分提升至满分3分。DB2019北京与东亚及太平洋国家、OECD国家"获得电力"二级指标对比情况见表2-1。

表2-1　　　　DB2019北京与东亚及太平洋国家、OECD国家
“获得电力”二级指标对比情况

指标项	北京	东亚及太平洋国家	OECD国家	最佳表现
环节（个）	3	4.3	4.5	3（25个经济体为最佳）
时间（天）	34	65	77.2	18（3个经济体为最佳）
成本（占人均收入比重）	0	625.1	64.2	0（3个经济体为最佳）
供电可靠性和电费透明度（1~8分）	6	4.0	7.5	8（27个经济体为最佳）

　　综上所述，通过改革方案的全面实施推进，北京无论在“获得电力”整体排名还是各项二级指标排名上均实现了跨越式进步。北京小微企业的办电快捷性、便利性显著提升，办电成本大幅度压降，“获得电力”水平得到了根本性的改善。

　　世界银行通过调研，对国网北京电力的改革成效给予了高度肯定：“国网北京电力在很短的时间内取得了‘获得电力’各项指标的巨大进步，很多甚至超过了世界前沿国家，总体来说整个改革效果是非常好的，客户满意度和获得感都得到了大幅提升。”

（二）第一阶段改革思考

　　近年来，党中央、国务院高度重视优化营商环境建设，多次强调要积极对标国际先进水平，打造更好营商环境，提高对国内外投资者的吸引力。在经济新常态、国资国企改革和电力体制改革的叠加影响下，优化电力营商环境作为提升营商环境工作的重要组成部分，已经

成为电力企业的重要职责。与此同时，小微企业作为国民经济和社会发展的重要基础，是发展的生力军、就业的主渠道、创新的重要源泉，在促进经济社会发展、扩大就业、增加收入、改善民生等方面具有举足轻重的作用，国家也多次出台政策，帮扶小微企业纾困解难，促进其健康发展。因此，如何降低小微企业用能成本，提升小微企业办电便利性，成为题中应有之义。

国网北京电力作为首都能源支柱企业，承担着为小微企业提供便捷、高效、可靠电力供应的重任，在优化营商环境中发挥着重要基础性作用。国网北京电力积极对标阿联酋、韩国、日本等世界先进经济体，发现在接电环节、时间和成本等方面，都存在着较大差距。根据《2018年全球营商环境报告》，我国"获得电力"指标在190个经济体中排名第98位，与第1位阿联酋相差31.09分。北京的接电环节个数为6个，接电用时为141天，接电成本占人均收入比重为356.2%，供电可靠性和电费透明度得分为6分，与世界前沿水平的接电环节2～3个，接电时间约10～30天，接电成本占人均收入的比重约0%～17%，供电可靠性和电费透明度平均7～8分相比，在各个指标上都存在明显不足。面对自身存在的短板，国网北京电力抢抓政策带来的宝贵机遇，以世界银行"获得电力"评价标准为改革指挥棒，以小微企业为突破口，博采众长、发散思维，在缩短接电时间、环节，压降接电成本等方面积极探索，踏上了寻求改革之路。

1. 提高低压供电容量标准降低接电复杂程度、造价成本

根据世界银行"获得电力"考察方法论，其考察对象为报装容量在140千伏安（140千瓦）及以下的标准化仓库，但根据我国现行《供

电营业规则》，当用户用电设备容量在 100 千瓦以下时，可采用低压供电方式，140 千瓦客户的电压等级原则上应由 10 千伏电压等级供电，电力公司也始终照此执行，将高低压报装容量的分界点定为 100 千瓦。众所周知，随着供电电压等级升高，所涉及的设备造价、技术难度和施工复杂程度也会逐步升高，进而造成接电费用、时间等过程成本的大幅提升，因此，按照世界银行考察方法论，100 千瓦至 140 千瓦这一区间的客户接电情况，将直接影响到"获得电力"的评价结果，这为优化电力营商环境改革带来了第一个难题。针对这一问题，国网北京电力转变思维方式，从是否可以采用低压供电形式为 140 千瓦客户供电的角度，积极进行理论和技术层面的探索，发现在 1983 年版《全国供用电规则》中曾提出过"低压供电容量标准为 160 千瓦及以下"的理论依据，后经过发展、运检等相关部门的经济、技术论证分析，确认北京电网当前的承载能力允许通过低压为 160 千瓦及以下容量的客户供电。如果能够将低压供电的用电设备容量提高至 160 千瓦，则既能完全覆盖世界银行 140 千瓦的标准，也为降低接电复杂程度和造价成本创造了前提、扫除了障碍，但考虑到电力设计施工专业性较高、难度较大等特点，该举措还未能从根本上解决接电环节多、时间长、成本高的问题。

2. 探索电力公司主动作为承担客户接电工作，压缩低电环节和时间

一直以来，北京配电网建设投资主体多元，接入公用电网的设备由客户投资，即"谁用电，谁投资"。由于客户投资接入公用电网的设备和施工工艺必须达到一定标准，以免危害公用电网运行安全，因此在客户办理报装时，很多环节需要与电力公司进行沟通交互。例如，

在报装之初，客户首先需要向电力公司了解公用电网开放的资源、设备安装的要求等内容，并对报装方案进行确认；方案确认后，客户需要寻找设备购买渠道、选择设计施工单位、确认设计图纸，这些过程都需要与电力公司进行多次沟通，如果该工程涉及占掘路施工，电力公司还需要配合客户进行政府审批申请；施工完成后，客户需要向电力公司申请施工验收，之后方可正式发电投运。以上这些环节，每一项都不能省略，且一旦遇到特殊情况，如设计图纸反复确认、施工验收不通过等，都会进一步增加接电环节、延长接电时间，造成接电环节、时长的失控，无法达到世界银行时长越短、环节越少的正向评价标准。在时长方面，一个不可控的因素是政府的占掘路审批流程。当一项接电工程涉及占掘路施工时，需要经历政府的规划许可、道路占掘路许可、影响交通安全占道施工许可、绿地树木审批、施工许可等多个部门的多项审批，且审批流程均为串联审批，这种审批模式又再次延长了客户的接电时长。基于以上情况，国网北京电力重点从两个方面寻求改革突破：一方面，考虑由电力公司承担客户报装后设计、采购、施工等环节的可能性，有效减少与客户互动的接电环节，从而控制接电时长；另一方面，考虑如何推动政府占掘路审批流程"改串为并"，进一步缩短接电时长。

3. 学习先进经济体投资模式压降接电成本及进行可行性探讨

阿联酋、日本等世界先进经济体，客户报装的外电源工程均由电力公司投资建设，无需客户进行投资。如能对标阿联酋等世界先进经济体，由电力公司承担客户报装后直至最终发电的全过程工作，并对客户红线以上的电网设备资源进行全额投资，是降低客户接电

成本最直接也是最有效的改革举措。从经济性角度分析，通过对往年电力公司配电网建设、160千瓦以下客户报装的投资费用进行测算，延伸低压投资的费用仅占电力公司电网整体投资费用的1.85%，给公司经营带来的压力和影响不大；2018年前后，也是北京推进"煤改电"建设的关键时期，电力公司大规模推进配电网建设，在配电网设备、容量上都开放了相对丰富的资源，便于按照就近接入原则实现与公共电网并网，无需因用户报装另行进行投资建设。与此同时，输配电价改革也恰好为国网北京电力延长投资红线，降低接电成本提供了有利契机。按照改革政策，由电力公司投资建设的设备最终形成资产，将有机会进入电价成本进行核算，因此电力公司投资的范围越大，最终可供核定入电价成本的资产越多，如此更有利于提高输配电价定价，促进电力公司的营业收入增长。此外，电力公司如果拥有设备产权，不仅有利于电网的运维，还可以充分发挥专业优势、规模优势，统筹制定接电方案、开展设备购置，进而降低社会总投资成本。

（三）核心举措及成效

优化电力营商环境的第一个改革阶段，北京与其他世界先进经济体在"获得电力"方面的差距是全方位的，在以上改革思路的指导下，国网北京电力抓住"客户产权范围内的改革难以推进落实"这一主要矛盾，重拳出击，以大幅提升高低压分界点、延伸投资范围实现客户办电全免费这两项重要举措为核心，以推动政企协作压减占掘路审批时长作为辅助，大刀阔斧实施改革。

举措1：开创性将小微企业低压接入电网标准由100千瓦提升至160千瓦。

如上所述，世界银行"获得电力"方法论考察的对象为报装容量在140千伏安及以下的标准化仓库，且聚焦点主要为小微企业"获得电力"情况。基于这一现状，改革之初，国网北京电力对2万余户小微企业客户进行了实地走访调研，发现超过95%的小微企业报装容量集中在160千瓦及以下，但一旦客户报装容量超过100千瓦，则需要采用10千伏高压方式供电，使接电技术难度、投资成本、环节手续、办理时长等都大幅提升，为"获得电力"水平评价带来诸多不利影响。最终，通过综合考虑小微企业调研实际情况和世界银行考察案例（140千伏安新装），经过理论、技术、经济等多方面可行性论证，国网北京电力最终确定了将高低压供电容量分界点由100千瓦提升至160千瓦的关键举措。2018年2月8日，国网北京电力正式面向小微企业推出"零上门、零审批、零投资"的"三零服务"，明确将小微企业的低压报装容量提升至160千瓦，实现了对世界银行调研对象范围的全面覆盖。

"三零"服务

主动服务，实现"零上门"。客户可通过电话、网站、移动终端、营业厅等多渠道提出用电需求，由电力公司委派专人负责现场勘查及工程实施，无需客户往返营业厅，实现低压报装接电一次申请、专人服务，一份合同、限时办理，解决小微企业电力专业人员缺乏问题。

精简手续，实现"零审批"。电力公司一次性收取所有报装资料，已有客户资料证件如尚在有效期内，无需客户再次提供材料办理审批手续，由电力公司代替客户办理外线工程市政审批手续。

低压供电，实现"零投资"。改变客户的电力投资界面，供电容量160千瓦及以下的客户报装项目按照低压供电办理，因低压客户接入引起的表和表箱及以上配电网新建或改建工程，由电力公司出资建设。通过改革全面实现现有电力设备资源共享，其余外电源新建部分也全部由电力公司出资建设，真正做到客户不掏一分钱，为客户省钱。

成效：从小微企业角度来看，这项改革举措将原来100～160千瓦用户的高压接电流程调整为低压接电流程，带来了流程简化、用时缩短、成本降低、技术难度降低等多方面经济和社会效益，将改革受益面扩展至绝大部分小微企业，大幅释放了改革红利。从世界银行"获得电力"评价角度看，由改革引起的流程、时间、成本等方面的改进，为我国指标排名大幅飞跃提供了有力助益。

举措2：重新定义产权分界点，率先将电力投资界面延伸至客户表箱低压螺栓处。

在2018年改革实施之前，电力公司的办电流程大致为：针对报装容量在100千瓦及以下的客户，从用电申请至项目结束，电力公司

只负责方案设计审核和工程验收送电，其余环节以及项目涉及的资金投入、占掘路手续审批均由客户自行完成；针对报装容量在100千瓦以上的客户，则按照高压报装出具供电方案，一般情况下，方案中10千伏出线至客户处的高低压电缆或电力线路、变压器均由客户投资购置安装，安装后根据移交协议，将分界点以上电源侧设备移交至电力公司运行维护，不移交的部分由客户运行维护。根据北京电力对小微企业的调研，由于客户方面往往缺少电力专业技术人员，且自身用电管理能力较弱，上述报装接电模式给客户带来了接电手续多、时间长、难度大、管理成本高、后期维护难等多方面问题。在举措1中，高低压供电容量分界点的调整，解决了报装容量在100千瓦以上客户的高压接电难题，但仍未在根本上解决客户在建设运维中的实际困难。

为了完全铲除"获得电力"在压降时间、精简环节、降低成本、专业运维等方面的障碍，国网北京电力统筹考虑世界先进经济体的先进经验和公司实际经营情况，将全部的改革压力从用户侧转移到电力公司内部来，将与客户的产权分界点延伸至客户表箱低压螺栓处，同时承担分界点及以上全部供电设施的投资和建设工作，不再由用户负责组织实施。在施工过程中，由于电力公司内部人员对电网资源、设备运行等情况更为了解，且营销、运检、发展等专业间协同性较高，能够显著提升接电效率；施工完成后，投资建设的设备设施均将成为电力公司的资产，更有利于进行输配电价核算，提升公司经营效益。国网北京电力延伸投资红线示意图如图2-3所示。

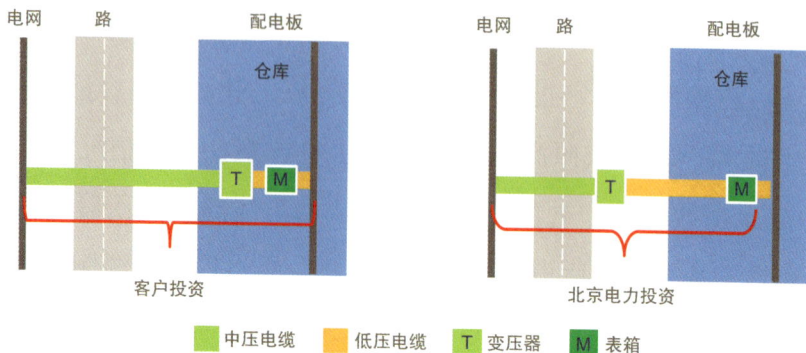

图2-3　国网北京电力延伸投资红线示意图

成效：通过延伸投资红线，改革前由客户跑报装、跑政府审批、聘请设计施工人员、自行购置物资、组织施工的工作模式转变为由电力公司全面负责，最大限度减少了客户与电力公司的互动，极大的压减了办电手续，提升了办电效率。对电力公司来说，通过加快接电、提前送电，可以促进公司用电量快速增长，实现电力公司售电业务超前盈利，实现"早接电早收益"。对客户来说，由于电力公司承担了分界点及以上的全部设备投资，使电力客户实现了接电成本全免费，也使客户办电过程更加省心、省力，首都地区小微企业发展活力得以充分激发。从社会资源配置角度看，由电力公司投资并建设，可以充分利用公共电网优势，实现电力资源的充分共享和最大化利用，通过发挥其平台效应和规模效应，降低客户及整个社会的投资成本，以电力公司较小投入换取社会较大收益，实现全社会资源的优化配置。

举措3：强化政企联动，着力推动政府优化占掘路施工行政审批流程压减审批时间

国网北京电力积极建立与政府部门的联动机制，推动政府部门优化小微企业接电占掘路施工审批手续，建立与市区委办局的常态沟通协调机制，通过座谈、电话、微信等多种渠道，开展实时有效的沟通；逐级实地走访市、区政府、发改委、城管委、园林绿化局，就低压报装施工前期涉及的掘路、砍伐等行政审批事宜提前对接洽商，争取最大限度压缩占掘路施工审批时长，建立针对小微企业"获得电力"的绿色通道。在国网北京电力的持续推进下，2018年3月16日，北京市城管委联合6个政府委办局，出台《关于北京市进一步优化电、水、气、热接入营商环境的意见（试行）》（京管发〔2018〕31号），明确在办理获得规划许可后（7个工作日），可并行办理施工许可和绿地树木审批（6个工作日），在获得施工许可后，可并行办理城市道路占路许可和影响交通安全的占道施工许可（12个工作日），对原有的全部串行审批流程进行了部分优化，将审批时长由最初的56个工作日压减至25个工作日。2018年4月10日，北京市城管委再次发布《关于做好涉及占掘路审批的低压电力接入工程优化营商环境有关工作的通知》（京管函〔2018〕125号），针对低压电力接入工程，进一步优化流程为"除规划许可外，其他各部门应并行办理其他各项审批"，即"一串四并"，审批时间再次压减至15个工作日，其中规划审批时长保持7个工作日不变，其他各环节均压缩至8个工作日内。改革第一阶段行政审批模式变化示意图如图2-4所示。

成效：政府审批流程的优化和审批时间的大幅压减，使小微企业"获得电力"时间相应缩减，涉及占掘路施工的客户报装用时降低至

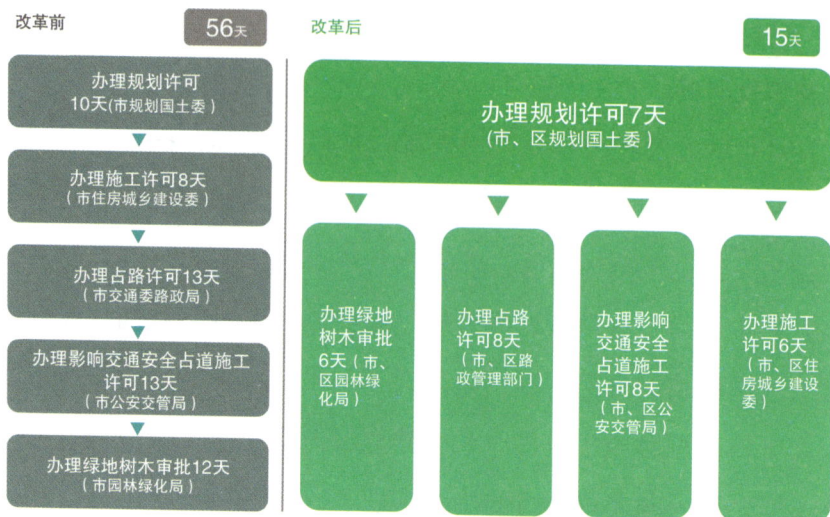

图2-4 改革第一阶段行政审批模式变化示意图

最长25个工作日，为"获得电力"指标中接电时间指标排名的提升提供了有力支撑，也极大提升了接电效率，提升了客户对电力公司的服务满意度。在与政府的持续沟通过程中，国网北京电力也积累了政企协作联动的宝贵经验，形成了一定社会影响力，为后续持续深化合作，推进进一步优化审批流程、压减审批时间奠定了坚实基础。

（四）其他举措

除上述根本性关键改革举措外，国网北京电力也本着"越少越好、越短越好"的原则，推行了一些支撑性改革举措。如创新技术手段，实现业务办理全线上。持续优化完善"网上国网"App、95598互动服务网站等功能，App首次实现装表位置拍照上传，国网北京电力使用GIS系统，定位客户位置，在线编制供电方案，客户不需要配合开展现场勘察，进一步减少办电环节和时间。创新管理模式，实现协同沟通"零距离"。由客户经理和项目经理组建"1+1"服务团队，让"受理业务、施工准备、工程实施、计划排定"不出团队，实现协同沟通"零距离"，提升工作效率。推行典型设计及标准化物料，压减工程施工时间。实行外电源工程项目标准化管理，以框架招标形式确定设计、施工、监理服务商和物料供应商，推行工程典型设计和标准化物料管理，进一步简化手续，压减工程施工时长。推行带电作业，压减配电网停电范围，缩短检修工作用时，实现供电可靠性的大幅提升。国网北京电力加强内部组织管理压减时长示意图如图2-5所示。

图2-5　国网北京电力加强内部组织管理压减时长示意图

二　从14位到12位，部分指标全球领先

营商环境和"获得电力"指标的跨越式提升，为有效激发市场活力、增强发展内生动力、加快建设首都现代化经济体系提供了有力支撑，同时也大大提振了国网北京电力在优化电力营商环境这个电力改革"深水区"中，继续巩固完善、保持国际领先水平的决心和信心。

2019年，国网北京电力在北京市委、市政府和国家电网公司党组的坚强领导下，持续对标世界先进水平，聚焦客户多元化服务需求，坚持压环节、缩时间、降造价、强监督，加大改革力度，精准攻坚施策，在变革中寻求管理、技术和服务上的创新，通过疏通内部业务流程及管理方法"堵点"，最终在压减接电环节和提高电费透明度方面取得关键突破，推动"获得电力"指标排名由第14位上升至第12位，稳定保持国际领先水平，为北京构建国际一流营商环境高地贡献了重要力量、做出了突出贡献。

（一）"获得电力"排名及各分指标变化情况

2019年10月，世界银行发布《2020年全球营商环境报告》，我国营商环境全球排名实现再提升，由上年的全球第46位上升至第31位，跻身全球前40，连续两年入选全球优化营商环境改善幅度最大的十大经济体。其中，北京的"获得电力"指标得分95.4分，比上年提高3.39分，排名由上年的14位再次提升至12位，成为全北京市营商环境10个指标中得分最高、排名第二的指标。2014—2019年我国"获得电力"指标排名变化情况如图2-6所示，DB2020我国各指标排名及得分情况如图2-7所示。

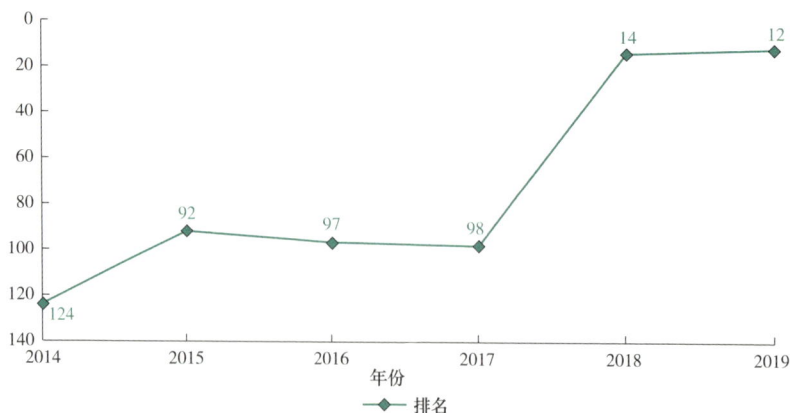

图2-6　2014—2019年我国"获得电力"指标排名变化情况

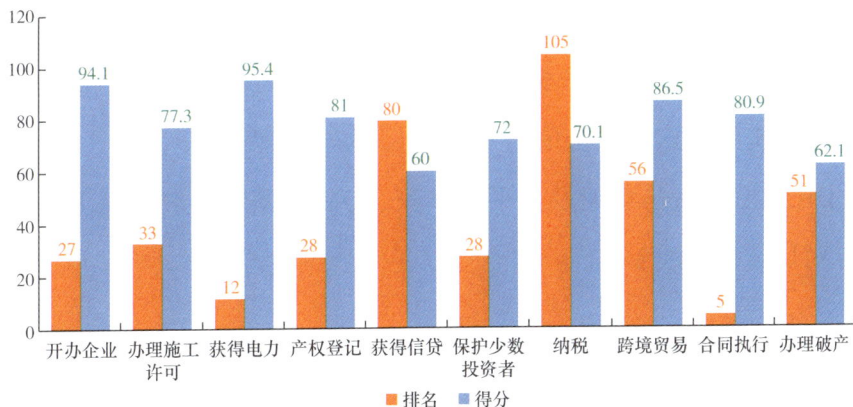

图2-7 DB2020我国各指标排名及得分情况

（1）接电环节数量由3个减少至2个。由于北京在这一评价周期中将合同签订环节前置到了报装申请环节中，使"获得电力"接电环节数量由原来的"报装申请、外部工程实施、签约接电"3个环节压减为"受理签约、施工接电"2个环节，少于东亚及太平洋国家的平均4.2个和OECD国家的平均4.4个，首次得到满分，达到全球最佳水平。

（2）接电时间由34天减少至32天。随着接电环节数量由3个减少为2个，原来第3个环节所对应的2天时长对应缩减，使接电总时长由上一评价周期的34天减少至32天，低于东亚及太平洋国家的平均63.2天和OECD国家的平均74.8天，得分值为93.9分。

（3）供电可靠性和电费透明度由6分提升至7分。在这一评价周期中，由于北京出台了"电价调整提前一个月公示"政策，进一步提升了电费变化的透明度，使"供电可靠性和电费透明度"指标中的"电费及电费变化沟通"指标项拿满1分，从而使"供电可靠性和电费透明度"指标整体得分由上一评价周期的6分提升至7分，高于东亚及太平洋国家的平均4分，折合百分制得分为87.5分。

（4）办电成本持续保持客户零投资。北京延续了小微企业办电全过程免费政策，依然与日本、阿联酋共同作为全球仅有的3个小微企业办电全免费的国家，得分值为100分。

DB2020北京与东亚及太平洋国家、OECD国家"获得电力"二级指标对比情况见表2-2。

表2-2　　　　DB2020北京与东亚及太平洋国家、OECD国家
"获得电力"二级指标对比情况

指标项	北京	东亚及太平洋国家数据	OECD国家数据	最佳表现
环节（个）	2	4.2	4.4	3❶（28个经济体为最佳）
时间（天）	32	63.2	74.8	18（3个经济体为最佳）
成本（占人均收入比重）	0	594.6	61	0（3个经济体为最佳）
供电可靠性和电费透明度（1~8分）	7	4.0	7.4	8（26个经济体为最佳）

通过对比2019年的营商环境报告可以看出，北京在接电环节、接电时长、供电可靠性和电费透明度三项指标上均有进步，其中以接电环节、供电可靠性和电费透明度两项指标的提升最为显著。

（二）第二阶段改革思考

通过第一阶段的改革，北京在小微企业低压接电模式上实现了根本性改变，推动北京"获得电力"水平上实现了飞跃式提升，但与此

---

❶　时间、环节、成本达到或低于"最佳表现"即是满分。

同时，"获得电力"指标的提升空间也在逐步缩小。因此，在这一评价周期中，北京电力转变思维模式，将关注点落细落小，通过深入研究分析《2019年全球营商环境报告》，聚焦仍有提升空间的接电环节、接电时长、供电可靠性和电费透明度3项二级指标，对标世界先进经济体经验做法，不断加大改革创新力度，再次突破"天花板"，探索更加精准、精细、精益的改革举措。

1. 借鉴先进经济体经验精简接电环节

根据2019年的营商环境报告，世界银行指标评价将"三零"服务评定为3个接电环节，包括报装申请、外部工程实施、签约接电，这一流程中的"签约接电"，是指当电力公司完成外部工程实施后，需要与用户在现场完成供用电合同签订，才能最终为接电场所提供正式电力供应。虽然在环节上已达到世界范围内"最佳表现"，国网北京电力仍未停下追求卓越的脚步，通过对排名在我国之前的阿联酋、中国香港、马来西亚、泰国、俄罗斯、英国等研究，发现各领先经济体为了减少环节，主要从三个方面实施改革，包括取消一些非必要的步骤，如现场访问或者电表检查；重设流程，合并或者简化接电所需的程序数量；取消客户与电力公司之间的互动，减少环节数量。其中阿联酋、俄罗斯接电环节均为2个，俄罗斯通过在线提交申请、使用电子签名与电力公司签订合同，从而实现客户无需往返营业厅、减少互动，具体接电环节包括"提前申请并线上签约""施工接电"。受此启发，国网北京电力寻求通过技术革新来取消现场签订供电合同，实现环节精简、接电流程优化的目标。

2. 推动政府电费调整提前公示提高电费透明度

"供电可靠性和电费透明度"指数包括六个部分，满分为8分。根据2019年的营商环境报告，北京该指标得分为6分，世界银行在对该指标进行评价时特别指出"北京未能提前一个计费周期（即一个月）将电价变化情况告知客户，导致'电费及电费变化沟通'的1分未能拿到"。此外，根据调研，各领先经济体为了提高供电可靠性和电费透明度，主要从两个方面实施改革，包括提高电价变化的透明度、对停电做出相应的补偿。基于以上情况，国网北京电力通过加强与政府部门联络沟通、促请相关部门出台政策进而提高电费透明度来拿到此关键1分。

3. 推进政府优化审批流程压减接电时长

与世界领先经济体相比，北京地区报装时长相对较长，其中掘路施工是最大的短板，短距离占掘路接电工程存在审批流程烦琐、审批单位众多、项目周期长等问题。在改革的第一阶段，国网北京电力促成政府进一步优化了占掘路施工的审批流程，将审批手续办理时长由25个工作日压缩至15个工作日，但整体来看仍有进一步压缩的空间。加强与政府绩效部门协调，推动相关政府部门减少办理时间，进一步压缩审批时长成为国网北京电力努力的方向。

（三）核心举措及成效

在以上改革思路的指导下，国网北京电力以"客户为中心"的服务理念为引领，按照"先实现、再超越"的工作思路，围绕对标先进经验精简环节、提高电费透明度、优化审批流程压减接电时长，持续突破，超越最佳表现。

举措 1：国内率先实践供电合同前置，线上签署，实现客户办电"一次都不跑"。

在这一评价周期中，国网北京电力利用技术优势，率先探索将合同签订这一环节前置在报装申请的过程中，以进一步压减接电环节，成为全国率先采用电子签名、电子合同的公用事业单位。具体改革举措为：通过"网上国网"App进行"三零"服务报装的电力客户，通过线上进行电子签名、签订《供用电合同》，且可实时查询接电进度；如客户在线下营业厅进行报装，则由营业厅服务人员直接在系统中填写报装相关信息，在线上生成供用电合同并打印，由客户现场进行签字确认。由于提前签订了供用电合同，在完成外部工程实施后，电力公司便可直接送电，并向客户推送线上消息，告知接电工作已全部完成，从而减少了与用户的交互对接。

面中缘拉面馆享受"三零"服务案例

面中缘拉面馆是一家经营传统拉面的老店，近年来随着店内电器的不断增多，用电问题成了当务之急。复杂的报装程序和高昂的报装费用让小本经营的小店望而却步。面中缘拉面馆店长马加勇在看到"三零"服务举措的宣传后，抱着试试看的想法，通过"网上国网"App线上申请报装用电业务并签订供电合同，当天下午就享受到了暖心服务。

面中缘拉面馆店长马加勇对北京电力的"三零"服务大加赞赏:"4月25日我在网上国网'下单',没想到直接在线上就签订了供电合同,当天下午海淀公司的工作人员就来现场勘察了,告诉我不用再去营业厅,所有的手续由电力公司负责,预计13天就能送电!现在真从跑腿儿变为动嘴儿了,大大地节省了我们的时间成本!"

成效:通过将供用电合同签订过程前置,减少了1个电力公司与用户交互的环节,使接电环节数量从3个减少到2个"受理签约、施工接电",相应的,时长也由2019年的34天减少到2020年的32天。对电力公司来说,在线验证核对电子证照、"网上国网"App系统定位、上传装表位置等功能的运用,充分实现全部信息线上流转,无需客户配合现场工作,合同签订也无需客户和客户经理再约时间线下见面,只需线上采用电子签名签订合同即可,有效减少与电力客户的沟通交互环节,办电效率明显提升。对电力客户来说,这项改革举措极大节约了办电的时间和交通成本,使办电更加省心、省力、省钱;如客户选择利用"网上国网"进行线上报装和签约,则基本可实现接电报装"一次都不跑",办电便利性进一步增强。

举措2:加强与政府职能部门沟通协调,助力电价政策发布机制优化。

北京市发改委是电价的政府主管部门,负责核定发布电价标准,促请市发改委提前一个计费周期发布电价，是拿到"电费及电费变化沟通"1分的关键。在国网北京电力的积极沟通之下，2019年2月28日，北京市发改委发布《关于做好电价政策公布有关工作的通知》（京发改〔2019〕249号），明确"今后涉及本市电网用户销售电价的相关政策，将在政策执行时间前一个月，通过北京市发改委门户网站对外公布"要求。通知发布后，北京市发改委每次发布最新电价标准，均提前一个月在门户网站上进行公示，至今仍在严格执行。市发改委发布最新电价标准后，国网北京电力会同时通过95598客户服务网站、"网上国网"App以及供电营业厅等线上线下渠道，主动公示电价电费信息，及时将电费变化情况告知至电力终端客户。针对电费有异议的客户，国网北京电力积极为其提供95598供电服务热线进行咨询，确保电费透明、用户安心。

成效：北京市发改委出台并执行"电价调整提前一个月公示"政策，使"供电可靠性和电费透明度"二级指标总得分从6分提升至7分，促进了"获得电力"指标排名持续提升。通过更早公示电价调整情况，便于电力公司及时完成电价电费的调整计算，做好对电力客户的提前告知服务，及时将政府降低企业用能成本的举措和红利传导至终端客户，切实保障用户知情权，使营商环境更加开放、透明、规范。

举措3：占掘路审批做减法，"一串四并"优化为"一窗受理+并行操作"。

在这一改革阶段，国网北京电力与市、区政府及相关委办局就占掘路施工的审批流程、时长等问题进行了更加深入细致的讨论。2019年2月28日，北京市城市管理委员会联合其他6个政府局联合发布《关于北京市进一步优化电力接入营商环境的意见》（京管发〔2019〕25号），明确将"一串四并"的行政审批模式进一步优化为"一窗同步受理，部门并行操作"模式，且各部门的审批时间均再次压减，最终使行政审批环节的整体办理时长由15个工作日压缩至5个工作日，为接电全流程时长再压降提供了有力保障。改革第二阶段行政审批模式变化示意图如图2-8所示。

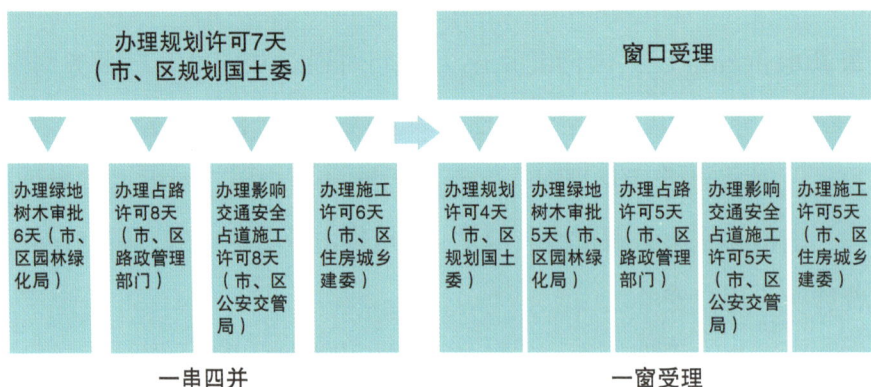

图2-8   改革第二阶段行政审批模式变化示意图

成效：行政审批时长的再次压缩，使小微企业"获得电力"全流程时长由原来的最长25天减少至最长15天，其中，无外线连接（直接装表）项目用时不超过5天，架空线路连接项目用户不超过8天，地下电缆连接项目（即需要占掘路施工的项目）用时不超过15天。通过并联审批流程、压缩审批时限，电力公司在施工接电环节的用时再次压减，接电服务效率进一步提升。

远颐房地产开发有限公司占掘路接电工程案例

用电容量需求大、现场条件需要开挖的工程被称为"掘路型"送电工程，因为涉及开挖路段，所以需要向城市管理、规划、交通等部门进行申请和审批。城区供电公司在"包办"对接其他政府部门审批手续的基础上，进一步简化项目审批流程，大力推广合同线上签订，实现客户"零跑腿"。从3月15日到22日，城区供电公司为远颐房地产开发有限公司完成送电，全过程用时仅8天。城区供电公司与东城区政府联手高效完成北京市首例低压短距离掘路工程，是2019年缩短占掘路行政审批时长和施工周期的第一个工程。"三零"服务2.0的成功落地，不仅使"获得电力"指数取得了质的飞跃，而且为北京市政企联动优化电力营商环境积累了宝贵经验。

（四）其他举措

在这一改革周期中，北京电力在改革之初所提出的业务线上办理、"三零"服务、"双经理制"等管理模式、服务产品和技术方法仍在不断优化并逐步推广应用，为北京"获得电力"水平的持续提升提供了强有力支撑。与此同时，北京电力也在不断转变服务思路，将"客户满意"作为电力服务的出发点和落脚点，深入挖掘客户需求，想方设法解决客户难题，不断推出多项"获得电力"便利化改革，持续精准发力，领跑美好未来。

在创新服务方式方面，以互联网思维、信息化技术，推行"优"字

优先的用电服务变革，提升人民群众的获得感和幸福感。积极推进用电业务进驻政务大厅，通过区块链新兴技术打通政务服务和公共服务领域，让企业在办理相关证照的同时，可以同期完成报装接电服务，实现"一网通办"，让客户真正享受"一条龙"服务。同时，为全面提升服务水平和效率，国网北京电力选派业务精湛、善于沟通的营销服务人员驻点政务服务大厅窗口，负责用电报装、"网上国网"App咨询等业务。截至2019年底，用电业务进驻政务大厅已实现北京市地区全面覆盖。

在构建监督体系方面，在公司内部开展多维度绩效考核，改变以往"全管全不管"的责任分解模式，联合设备、安监、审计、纪检、巡察等部门，制定综合评价考核实施办法，对报装项目从业务受理至验收送电全过程服务、质量、时限开展监督评价。健全面向全社会的供电服务监督评价体系，通过政府公共平台、95598互动服务网站、手机App、短信平台等渠道，实时发布和更新业务办理、服务时限、服务供应商、业务收费标准等服务信息，常态发布10千伏公用线路供电能力信息，加强报装信息公开化，同时通过网站留言、电话回访等方式，主动接受社会各界对服务的监督，推进业扩报装的阳光化运作，确保"获得电力"各项改革举措均能够真正落地见效。

在服务技术手段方面，深化"互联网+"营销服务，提供"网上国网"App、95598互动服务网站等线上平台，供客户一次性了解业务办理流程并提交接电申请。可在线上通过照片、手机定位等方式，提供户名、地址、申请容量、营业执照等相关信息，以互联网为支撑，实现企业办电"业务线上申请、信息线上流转、进度线上查询、服务线上评价"。创新移动作业终端应用，整合典型设计、配电网资源、地理信息等大数据，通过使用设计、勘察一体化移动作业终端（PDA），精

准定位作业现场，在线配置设备型号及安装位置，自动生成施工设计图及物料清单，将信息及时传递到物料部门和施工部门，实现勘察设计、物资领料及工程实施的无缝连接。

"三零"服务的实施，不仅让小微企业报装接电更加省时、省力、省心，为全面满足人民群众美好生活需要注入新动能，同时也为世界贡献出了"中国方案"，得到了国际社会各界的广泛认可。在优化营商环境高级别国际研讨会上，时任世界银行行长金墉高度赞扬"三零"服务推动了我国"获得电力"改革，已成为世界范围内改革标杆。世界银行咨询专家、世界银行高级经济学家马钦·皮亚考斯基这样评价北京的优化电力营商环境改革："在推进营商环境改善上，北京不是一只熊猫，而是一只老虎。"

面对"三零"服务取得的丰硕成果，国网北京电力未曾满足和懈怠，依然践行着"人民电业为人民"的企业宗旨，在自我加压、自我变革的道路上继续前行，将"三零"理念优化升级，于2019年1月1日推出了面向10kV电压供电客户的"三省"服务，发挥其平台效应和规模效应，为更大群体提供更加便捷、高效的全过程服务，持续释放改革红利，为电力用户提供更加便利的获得感、更可持续的幸福感和更有保障的"安全感"。

"三省"服务

"三省"服务（省时、省力、省钱）适用于在电网允许接入条件下，基建工地农田水利、市政建设等非永久性用电，申请用电容量在3200千伏安以下，且以10千伏电压供电的客户。

主要业务类型为10千伏装表临时用电，自电力公司产权供电设施直接接出电源。此前，如有临时用电需求，需由业主方作为实施主体，自行开展用电报装、施工组织、设备维护等工作。

省力：客户可通过"网上国网"企业版App、营业厅等渠道自愿选择"三省"服务产品。

公司安排客户经理全程上门服务，提供菜单式、套餐式服务产品选择，客户可通过用电容量、变压器型号和外电源敷设方式等需求选择服务产品，业务环节由6个压缩至3个。客户无需组织工程，选择"三省"服务后，公司安排客户经理上门服务，客户从报装到用电"一次都不跑"。

省时：通过科学编制典型设计、超市化物资采购等措施，利用一体化设计终端现场生成方案设计、物料清单和服务预算等资料；统一施工和设备规范，提前开展框架招标确定参建单位，大大压缩了设计、招标和设备生产周期，将临时用电平均接电周期降至20个工作日以内。

省钱：利用共享理念，实现变压器等临时用电设备在多个客户之间最大程度共享，服务期满后及时拆除回收、检修试验，并再次利用。客户工程投资和后期维护费用为零，只需根据需求用电容量购买公司提供的服务。公司实现设备在多个客户之间最大程度共享，客户无需新购置设备，无需自行维护，最大程度减少客户重复投资。

三　蹄疾步稳，保持世界一流水平[1]

基于前两个改革阶段的不懈探索，国网北京电力在小微企业"获得电力"方面实现了长足进步，成为国内示范典型，收获了显著的经济和社会效益。同时，由国网北京电力首创的"三零"服务模式作为行业标杆，逐步推广至北京供水、燃气、热力等其他公共事业服务领域，为推动北京市公共事业发展、提升北京市营商环境整体水平提供了先进经验。2020年以来，国网北京电力统筹短板补齐和全面提升，改革行动蹄疾而步稳，"获得电力"持续保持世界一流水平。

（一）第三阶段改革思考

通过第二阶段的改革，我国营商环境"获得电力"指标由第98位跃升至第12位，多项指标处于世界先进水平或位居世界第一。国网北京电力延续上一年度的思路，持续围绕短板指标进行攻坚，在四项分指标当中，办电时长、供电可靠性与电费透明度两项指标仍有进一步提升空间。打开持续优化营商环境的新突破口，国网北京电力从争取政企合力出发，促进卓越服务高品质提升。

1. 推动建立供电可靠性财务遏制机制

通过前期的改革，北京在"供电可靠性和电费透明度"指标中，唯一的失分项就在于缺少针对停电的财务遏制举措。根据世界银行的

---

[1] DB2022结果暂未公布。

定义，所谓财务遏制举措，就是当客户经历的停电时长或次数超过一定上限时，电力公司应向客户进行赔偿，或由上级监管部门对电力公司进行经济处罚。对于这一问题，国网北京电力在2018年时，就结合《中华人民共和国电力法》《电力供应与使用条例》《供电营业规则》等法律法规和规章制度，建立了有损赔偿机制，即当电力客户由于停电而造成损失时，电力公司将通过保险公司或责任过错方对客户进行赔偿。但由于世界银行认为有损赔偿机制需要经过客户申请、损失评估等流程才可以进行赔偿，而非在停电时长或次数超过承诺上限时自动启动赔偿程序（如在缴纳电费时自动计算折扣作为赔偿），因此未能得到世界银行充分认可。鉴于此，在改革的第三阶段，国网北京电力积极转变解决问题的视角，从"由上级监管部门对停电行为给予经济处罚"的角度入手，积极促成出台相关法规和制度，推动政府从监管层建立对电力公司停电财务遏制机制。

2. 推进政府部门出台占掘路施工免审批政策

在改革第一阶段，国网北京电力配合北京市出台了《进一步优化电、水、气、热接入营商环境的意见（试行）》等政策文件，占掘路享受审批的"绿色通道"，审批程序由五部门"串联"改为"一串四并"，审批时长从56天压缩至15天。在第二阶段，国网北京电力积极与相关部门对接，占掘路审批由原来的"一串四并"优化为"一窗受理+并行操作"，审批时长由15天压缩至5天，实现"低压无外线工程项目接电时限5天、有外线无掘路项目接电时限8天、有掘路项目接电时限15天"的对外承诺。2020年，国网北京电力参考奥地利、冰岛、德国等经济体无挖掘许可证获取环节经验，加强与政府相关部门沟通、汇报，

争取占掘路由政府审批向告知承诺过渡，探索通过采用"国家公布标准+企业承诺+事中事后监管+诚信记录"四位一体的模式，优化世界银行"获得电力"施工时间，将现行掘路审批时长由5天压缩为0天。2018年以来北京市低压占掘路审批相关政策汇总见表2-3。

表2-3　　　　　2018年以来北京市低压占掘路审批相关政策汇总

发布时间	政策名称	政策影响
2018年3月16日	《关于北京市进一步优化电、水、气、热接入营商环境的意见（试行）》（京管发〔2018〕31号）	审批时长由最初的56个工作日压减至25个工作日
2018年4月10日	《关于做好涉及占掘路审批的低压电力接入工程优化营商环境有关工作的通知》（京管函〔2018〕125号）	要求"除规划许可外，其他各部门应并行办理其他各项审批"，即"一串四并"；审批时间再次压减至15个工作日，其中规划审批时长保持7个工作日不变，其他各环节均压缩至8个工作日内
2019年2月28日	《关于北京市进一步优化电力接入营商环境的意见（修订）》（京管发〔2019〕25号）	实行"一窗受理+并行操作"的审批模式，要求办理占掘路审批手续时长原则上不超过5天

3. 促进政企数据互通，推行"一证办电"

以往，企业在办理营商环境相关的政务服务事项时，往往需要向不同的政府部门或公共企事业单位重复提供多次、多份证明材料，材料准备过程烦琐，业务办理成本高，存在"办不完的手续、盖不完的章、跑不完的路"等问题和困惑。2020年1月28日，北京市政府办公厅印发了《北京市进一步优化营商环境更好服务市场主体实施方案》，其中在第五项推动政务环境更加优质措施中，着力推动政务服务数字化转型，进一步加快数字政府建设，全面推动以区块链为主的信息技术广泛应用，在更大范围实现"一网通办"。国网北京电力积极响应政策要求，从优化营商环境、切实提高报装服务水平的角度出发，探索通过应用区块链技术，加快与政务平台合作贯通，推进客户办电便利化。

（二）核心举措和成效

2020年以来，国网北京电力对标全球先进经济体，深入研究、精准策划、扎实推进各项营商环境改革举措。在政府相关部门的大力支持下，《北京市优化营商环境条例》正式出台，占掘路行政免审批、供电可靠性财务遏制政策顺利实施，国网北京电力公开发布"六项服务承诺"，"获得电力"水平再上新台阶。

举措1：以法律固化财务遏制举措，打造"北京制度"示范工程。

国网北京电力主动对接政府部门，融入北京市政府优化营商环境各项工作，全力配合北京市出台停电行为财务遏制相关法条。2020年3月27日，北京市十五届人大常委会第二十次会议表决通过了《北京市优化营商环境条例》，将近两年来优化营商环境的改革举措写入地方性法规。在"获得电力"方面，特别为停电财务遏制举措单列法条，明确提出"市城市管理部门应当加强对供电企业年供电可靠率的监督，对低于国家有关规定的，责令改正，可处以五万元以上五十万元以下罚款"。

成效：财务遏制措施在全国率先写入地方立法，是我国在优化营商环境法治化层面建设的里程碑之一，实现营商环境优化的法治化的原创性、差异化具体措施以规章制度形式固化下来，从制度层面为营商环境的优化提供了有力的保障和支持。同时相关法规的设立也为广大电力客户的"获得电力"服务提供了法律保障，更好维护了客户权益。

举措2：凝心聚力多层面推进，确保"北京制度"示范工程落地落实。

根据法规要求，2020年4月9日，北京市城管委印发了《关于修订北京电网供电可靠性管制工作细则（试行）的通知》（京管发〔2020〕10号），文中明确供电可靠性不满足考核标准，国网北京电力将被处最高五十万元罚款，北京地区至此建立起"获得电力"的财务遏制机制。由于2019年度北京用户供电可靠率数据与2018年度持平（均为99.991%），因此在2020年4月29日，北京市城管委依据《北京电网供电可靠性管制工作细则（试行）》相关标准，首次对国网北京电力出具了"不予奖惩"的考核意见；根据国家能源局华北监管局公布的北京市城市地区2020年度供电可靠率数值为99.995%，高于上年0.002个百分点以上，2021年4月20日，北京市城市管理委员出具《关于对2020年北京城市电网供电可靠性考核的意见》，考核意见为"同意对你单位增加准许收入100万元"。停电财务遏制举措至此形成了由制定到执行的完整闭环管控。北京市供电可靠率监督管理奖惩标准如图2-9所示，供电可靠率监督管理行政处罚流程如图2-10所示。

在促成政府监管的同时，国网北京电力也以社会承诺的方式，主动接受社会监督。2021年2月20日，国网北京电力发布《关于落实〈北京市优化营商环境条例〉修订公开六项服务承诺的通知》，在供电可靠性方面，承诺内容为：国网北京电力负责保障供电设施正常运行，接受北京城管委监督，对于低于规定的，进行整改，并接受五万元以上五十万元以下罚款。

内容	指标	监督管理目标	奖惩标准
供电可靠性	供电可靠率(ASAI)	城市电网年供电可靠率(ASAI)高于**99%**(含**99%**)且高于上年**0.002**个百分点以上	增加准许收入**100**万元
		城市电网年供电可靠率(ASAI)高于**99%**(含**99%**),且较上年变化率在**-0.002**至**0.002**个百分点之间(含)	**不作奖惩**
		城市电网年供电可靠率(ASAI)低于上年**0.002**至**0.004**个百分点(含**0.004**)	处罚**5**万元
		城市电网年供电可靠率(ASAI)低于上年**0.004**至**0.006**个百分点(含**0.006**)	处罚**20**万元
		城市电网年供电可靠率(ASAI)低于**99%**,或低于上年**0.006**个百分点以上	处罚**50**万元

图2-9 北京市供电可靠率监督管理奖惩标准

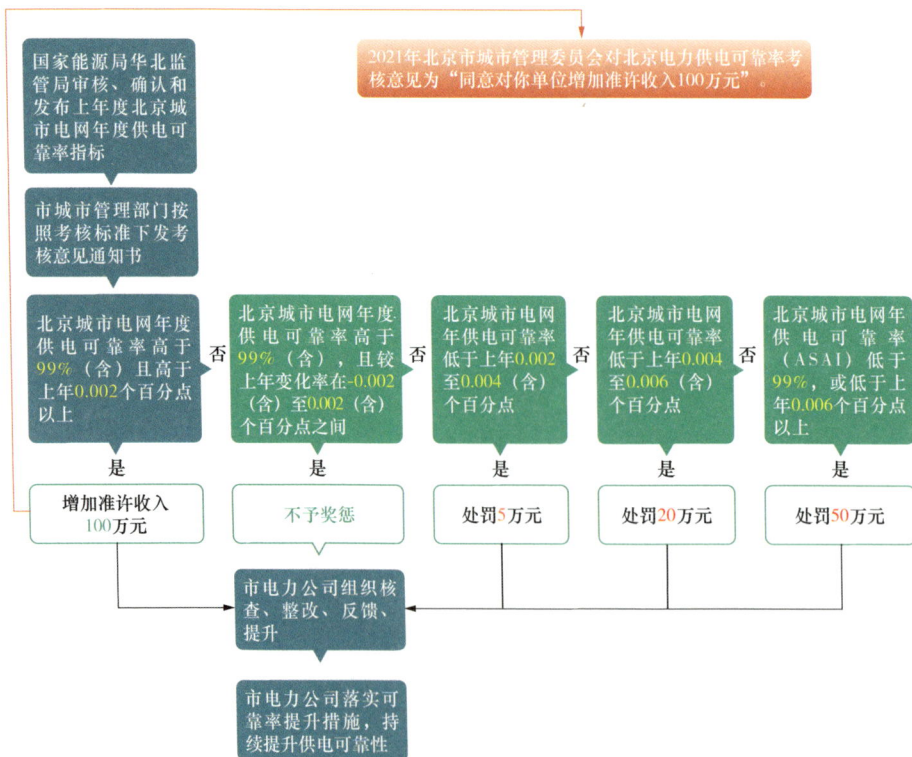

国家能源局华北监管局审核、确认和发布上年度北京城市电网年度供电可靠率指标

市城市管理部门按照考核标准下发考核意见通知书

2021年北京市城市管理委员会对北京电力供电可靠率考核意见为"同意对你单位增加准许收入100万元"。

北京城市电网年度供电可靠率高于**99%**(含)且高于上年0.002个百分点以上	否→	北京城市电网年度供电可靠率高于99%(含),且较上年变化率在-0.002(含)至0.002(含)个百分点之间	否→	北京城市电网年供电可靠率低于上年0.002至0.004(含)个百分点	否→	北京城市电网年供电可靠率低于上年0.004至0.006(含)个百分点	否→	北京城市电网年供电可靠率(ASAI)低于99%,或低于上年0.006个百分点以上
是		是		是		是		是
增加准许收入100万元		不予奖惩		处罚5万元		处罚20万元		处罚50万元

市电力公司组织核查、整改、反馈、提升

市电力公司落实可靠率提升措施,持续提升供电可靠性

图2-10 北京市供电可靠率监督管理行政处罚流程图

成效：《北京市优化营商环境条例》《北京电网供电可靠性管制工作细则（试行）》等政策法规明确停电财务遏制相关内容。相关政策的出台有效强化了政府对北京地区用电可靠性的监管力度，对电力公司来说，这些政策法规的出台，促进电力公司进一步优化配电网运维管理模式，不断提升配电网智能化、自动化水平，从而为广大电力客户提供更加优质可靠的供电服务和电力供应。

举措3：占掘路行政审批时长"一剪到零"，打造"北京效率"示范工程。

在之前的改革过程中，国网北京电力积极促成了政府占掘路施工的行政审批流程由最初的25个工作日逐步压减至5个工作日。这一评价周期中，在国网北京电力的持续沟通和大力推动下，北京市城管委等7家相关政府部门联合印发了《关于进一步优化营商环境免除企业低压电力接入占掘路行政审批的通知》（京管发〔2020〕2号），针对符合"三零"服务范围的低压电力接入占掘路工程，免除了各相关政府委办局的全部行政许可手续，占掘路施工审批时间由原来的5天再次压降至0天。电力公司在受理用户报装申请后，无需再履行任何占掘路施工的政府审批手续，仅需将施工图纸、交通导行方案等材料通过政府"投资项目在线审批监管平台"系统报备，将资料推送给交通、公安交管、园林绿化和城市管理等部门后，该项目便可进行掘路施工。北京市交通委员会、园林绿化局等相关部门将从审查工作方案、施工现场管理、修复质量验收等方面进行事中事后监管，督促国网北京电力及时妥善消除安全隐患，确保城市运行安全。占掘路免审批流程如图2-11所示。

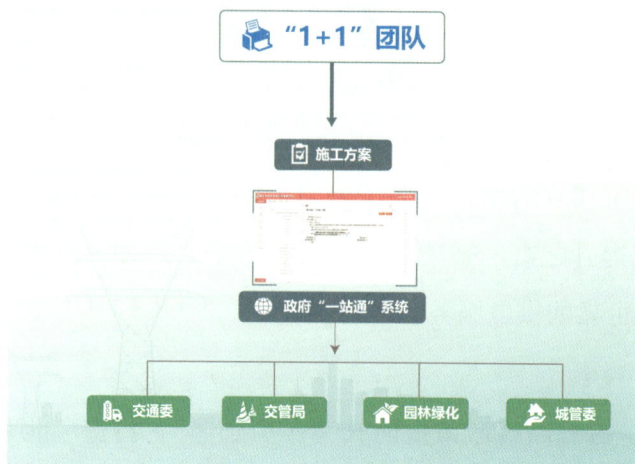

图2-11　占掘路免审批流程

成效：通过推动出台并落实低压接电占掘路施工免审批政策，小微企业低压接电整体用时由最长15个工作日再次压降至10个工作日内，其中无外线连接项目、架空线路连接项目办理时限依然为5天、8天，地下电缆连接项目时限为10天。占掘路免审批政策使低压办电手续和流程再次精简，提升了低压接电服务的效率和质量，客户获得感和满意度进一步提升。

首例掘路免审批"三零"项目"白魁小馆"报装接电过程

白魁小馆（白魁老号饭庄）是北京市低压接电占掘路免审批新政出台后，完成的首例掘路免审批"三零"项目。在此次低压短距离掘路工程中，客户于2020年3月20日通过"网上国网"App提交报装申请，并在线签订供用电合同，3月27日当天电力公司为客户完成送电，全过程用时仅8天。

受理该项低压接电业务的国网北京城区供电公司在3月20日当天受理客户报装申请后，便由1名客户经理和1名项目经理组成"1+1"作业团队进行现场勘查。团队通过勘察设计一体化移动作业终端在线制定供电方案，再通过现场勘查，确定报装涉及东城区属道路掘路。第二天（3月21日），作业团队会同专业公司到现场进行地下管线情况勘查，排除工程隐患，并完成施工图纸及交通导改方案编制。根据2020年"三零"服务接电项目占掘路施工"免审批"政策，第三天（3月22日），作业团队准备好占掘路施工材料，向相关政府部门报备，无需等待行政审批，同步开展物资准备工作。第四天（3月23日）起，电力公司组织施工单位进行现场施工，期间掘路35米，敷设电缆约40米，新装电表、地箱各一个。此项案例中，客户从报装到接电共计仅用8天时间就最终完成，如图2-12所示。

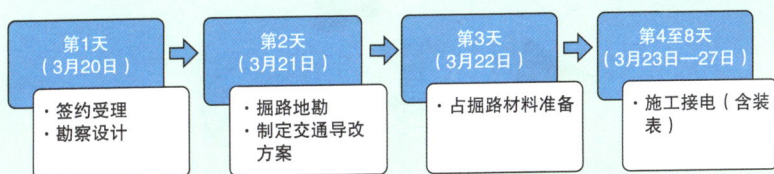

第1天 （3月20日）	第2天 （3月21日）	第3天 （3月22日）	第4至8天 （3月23日—27日）
·签约受理 ·勘察设计	·掘路地勘 ·制定交通导改方案	·占掘路材料准备	·施工接电（含装表）

图2-12　北京首例掘路免审批"三零"项目"白魁小馆"接电流程图

举措4：实行一证办电，打造"北京服务"示范工程。

国网北京电力利用区块链技术，大力推动电力公司内部系统数据与北京市政务平台数据的互联互通，以进一步简化客户办电所需材料。国网北京电力"一证办电"业务于2020年6月1日正式上线，适用于高、低压业扩报装业务，客户在办理接电业务时，仅需提供报装项目的合法房屋产权权属文件❶作为"一证办电"受理材料，甚至可以仅填写房屋产权权属文件编号，即可完成业务申请；其余申请必备材料包括合法身份证明等，电力公司在客户同意的前提下，与政务平台远程对接，实现客户商事信息、产权信息、立项文件、规划文件等相关数据自动获取、核对，一证办电实现信息互通示意图如图2-13所示。

成效："一证办电"改革举措推动了电力公司与政府平台关键数据的互联互通，使客户办理新装增容业务所需的资料由原来的3项（身份证、产权证、营业执照）压减至1项（用电地址房产土地权属证明），解决了以往办理业务重复提交材料、多次往返等问题，极大提升了办电便利性，降低了制度性交易成本，切实达到了"群众少跑腿，信息多跑路"的便民目的。

图2-13　一证办电实现信息互通示意图

---

❶ 房屋产权权属文件包括：建设工程规划许可证、房产证、乡（镇）及以上级别政府部门出具的会议纪要、协调函、备案书、政府相关政策说明文件、相关合法手续或上级主管政府部门的相关支撑文件等。

（三）其他举措

在这一改革阶段中，一些支撑性举措也为电力营商环境的持续优化提供了有力保障。

在立法方面，除上文提及的停电财务遏制举措外，《北京市优化营商环境条例》同时将低压接电时间不超过8个工作日、接电成本延续零投资、供电服务信息主动公开等内容写入法条，推动北京"获得电力"工作逐步进入法治化轨道。《北京市优化营商环境条例》"获得电力"相关内容见图2-14。

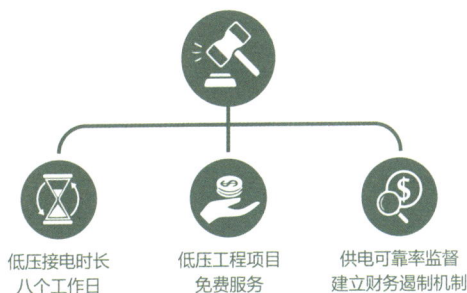

低压接电时长
八个工作日

低压工程项目
免费服务

供电可靠率监督
建立财务遏制机制

图2-14 《北京市优化营商环境条例》"获得电力"相关内容

在公共监督方面，面向社会公布六项服务承诺。总结近年"获得电力"的做法，在"三零"客户办电零投资、接电2个环节、接电时长10天以内、供电可靠性监管与财务遏制措施、信息主动公开电价提前一个月公示、"网上国网"App服务升级六个方面作出公开承诺，主动接受社会各界的监督，巩固优化营商环境的各项成果，实现营商环境优化成果的全社会共享与监督。

国网北京电力低压"三零"服务6项公开承诺

一、接电环节

"三零"客户的办理环节为"受理签约、施工接电"2个环节。

二、接电时间

"三零"客户获得电力时间不超过10天。其中无外线工程5天内完成,有外线无掘路工程8天内完成,有掘路工程10天内完成。

三、接电成本

供电容量160千瓦及以下的客户报装项目按照低压供电办理,凡符合"三零"服务条件的低压客户接入引起的表和表箱及以上配电网新(改)建工程,由国网北京电力出资建设。

四、供电可靠性监管与财务遏制措施

按照《北京市优化营商环境条例》规定,依据北京市城市管理委员会《关于修订北京电网供电可靠性管制工作细则(试行)的通知》(京管发〔2020〕10号)通知要求,国网北京电力负责保障供电设施的正常、稳定运行,确保供电质量符合国家规定,并接受北京市城市管理委员会对年度供电可靠率的监督。对低于国家有关规定的,应立即整改,并接受五万元以上五十万元以下的罚款。

五、信息主动公开

国网北京电力主动公开"服务范围、标准、收费、流程、

完成时限、接电进度"等信息，并按照北京市发展和改革委员会《关于做好电价政策公布有关工作的通知》（京发改〔2019〕249号）文件要求，提前一个月向社会公布电价调整信息，客户可在国网北京电力营业厅、官方网站、"网上国网"手机App等渠道查询。

六、服务监督渠道

国网北京电力通过对"三零"服务客户开展电话回访、第三方评价机构检查等方式持续提升"获得电力"服务水平。国网北京电力主动接受社会及上级监管部门对"获得电力"服务水平的监督，如接电环节、时长、成本以及电费透明度，违反上述服务承诺的，客户可通过国网95598、北京市12345以及华北能源监管局12398热线进行投诉及意见反馈。

在创新服务方面，升级推出了"三零+"服务（见图2-15），针对小微企业、疫情防控、电动出行、全电餐饮、电暖人心、乡村振兴六大场景，提供精准电力服务，形成全新"三零+"服务生态，让各类市场主体客户都享受到便捷高效的特色供电服务。

此外，国网北京电力持续推动构建新型智能配电自动化体系，推进配电网发展、建设和运维不断向智能化、信息化、数字化方向转型升级，以进一步提升供电可靠性，切实满足广大客户美好生活用电需求。

三零+ 举措先行一步 服务更加贴心

国网北京市电力公司持续优化用电营商环境，2018年推出低压小微企业"零上门、零审批、零投资"的"三零"服务。在此基础上，以更高品质、更广维度、更优服务为目标推出"三零+"服务举措，为首都报装容量在160kW及以下、由电力公司电源直接以低压方式供电的客户提供全国领先的电力服务，提升客户办电获得感，助力建设美丽新首都。

三零+ 6大举措 用电无忧！

环节最精简 全程线上办

"三零+"客户申请办电只需"受理签约、施工接电"2个步骤，通过使用"网上国网"APP在线申请办电，同时线上签订合同，指尖一点，即可轻松办电！

用时有承诺 10天内接电

"三零+"客户获得电力时间不超过10天。其中无外线工程5天内完成，有外线无勘路工程8天内完成，有据路工程10天内完成（占道路行政"免审批"）。

投资零成本 覆盖更广泛

"三零+"在对小微企业实施"零投资"之外，将首都居民、私人充电桩、农业生产、疫情防控客户纳入服务，惠及更多群体，助力电力民生！

供电更可靠 年均停电更短

2020年，北京城市地区供电可靠性高达99.995%，户均停电时间27分钟。让首都客户用电更放心，生活更安心！

99.995%
北京城市地区供电可靠性

信息全透明 服务"六"公开

主动公开"三零+"服务范围、标准、流程、时限、进度、电价调整信息，客户可通过供电营业厅、官方网站、"网上国网"APP等渠道查询。

服务范围 | 服务标准
服务流程 | 完成时限
接电进度 | 电价调整

服务有保障 主动接受监督

公开国网95598、北京市12345以及华北能源监管局12398热线，客户可对"三零+"服务水平进行监督、投诉及意见反馈。

三零+ 6大场景 点亮"京彩"

国网北京市电力公司持续优化用电营商环境，推出低压报装容量在160kW及以下，由电力公司电源直接供电的客户"三零+"服务，针对六大服务场景提供全国领先的电力服务体验，提升客户办电获得感，助力建设美丽新首都。

三零+小微企业

贯彻国家及北京市帮扶小微企业发展政策，"三零+"通过提供线上申请、电子签约、双经理上门服务、进度可视化查询等服务，让小微企业实现"1分钟申请、0成本办电、10天就送电"，享受到更便捷、更省心的用电服务。

三零+疫情防控

积极应对首都常态化疫情防控大局，"三零+"助力疫情防控物资生产企业"极速接电"，企业办电0接触、不花钱，全面做好首都疫情防控保障工作。

三零+电动出行

响应国家"新基建"战略部署，"三零+"深入居民生活区，让电动汽车充电桩客户享受办电迅捷、充电无忧的贴心服务，降低具备相关条件的社会经营性充换电设施外电源建设投资，降低客户用电成本，体验品质出行。

三零+服务首都，美好生活

图2-15 国网北京电力升级推出"三零+"服务

第三章

从"首都品牌"到"国家名片"
——国网北京电力优化营商环境经验总结

CHAPTER

国网北京电力始终坚持"人民电业为人民"的宗旨，致力于打造与首都地位相适应的世界一流服务品牌，将提高供电服务水平作为满足人民美好生活需要的基本内容，通过不断转变服务思路、深入挖掘分析客户需求、创新服务渠道及举措，构建适应企业新发展、时代新要求的现代化服务体系，在推动首都电力营商环境优化过程中形成了一套完整的、符合电力公司发展的"4I"创新体系（见图3-1），即以理念创新（concept innovation）为核心，组织创新（organization innovation）为保障，管理创新（management innovation）为支撑，技术创新（technology innovation）为手段，重塑服务流程，打造供电服务新模式，并形成可复制、可推广的实践经验，为我国营商环境提升贡献"国网力量"和"北京方案"。

本部分主要介绍国网北京电力基于优化营商环境经验总结的"4I"创新体系的形成过程，并具体介绍"4I"创新体系的具体内容。

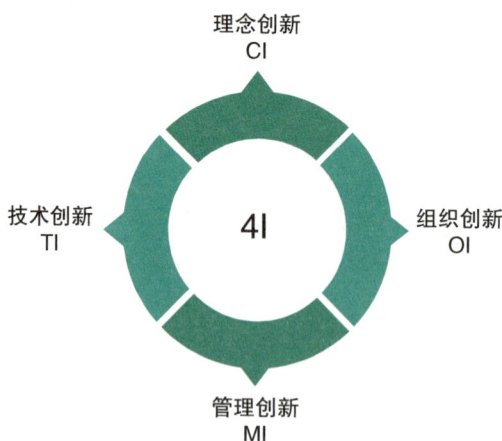

图3-1 "4I"创新体系

一 理念创新

（一）理念创新的理论基础

习近平总书记强调："发展理念是发展行动的先导，是管全局、管根本、管方向、管长远的东西，是发展思路、发展方向、发展着力点的集中体现。发展理念搞对了，目标任务就好定了，政策举措也就跟着好定了。"即理念是行为的先导，行为的创新来源于理念的创新，没有创新的理念就不会产生创新的行为，理念创新是企业实现高质量发展的灵魂。

理念创新是指革除旧有的既定看法和思维模式，打破思维定势，以新的视角、新的方法和新的思维模式，形成新的结论或思想观点，这些新思想、新概念或新构想能够比以前更好地指导行为去适应环境的变化并能更有效地整合资源的。企业创新理念是企业的创新工作发展到一定阶段后，在企业内部所形成的一种对创新工作共同的认识，是企业在创新发展过程中逐步形成的一种规则性沉淀，它实质上是一种软的约束，是企业发展理念的具体体现。

（二）国网北京电力理念创新体系

为顺应时代和实践发展的新要求，践行"人民电业为人民"的企业宗旨，国网北京电力基于理念创新的理论基础，结合自身实际情况，积极吸收国内外优秀理念，创新客户服务新思维，扭转被动服务的传统电力服务理念，以"解决存在问题"为突破口，以"提升客户感知"

为着力点，立足客户用电需求、政府监管要求和企业承受能力，提出了符合国网北京电力实际需要，适合全国、全球推介的新发展理念体系，使客户在"获得电力"提升过程中增强获得感，打造首都电力服务品牌。

基于对实践变革的探索，全面构建"以客户为中心"的现代服务体系，提出了"客户导向"服务理念；为明确自身与业界最佳的差距，提出了"前沿对标"突破理念；基于"当局者迷，旁观者清"，提出了"智慧借助"发展理念；为打造"北京方案"，丰富服务产品，提出了"品牌经营"营销理念。这一新发展理念体系为持续优化电力营商环境，打造市场化、法治化、国际化营商环境提供强有力保障。理念创新如图3-2所示。

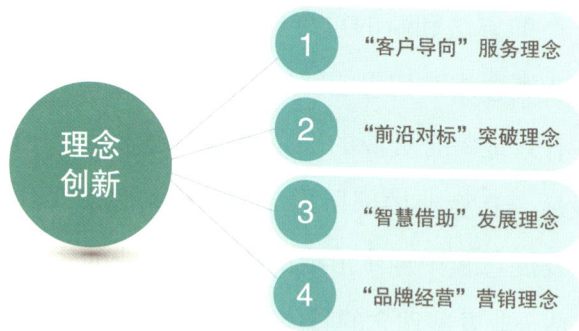

理念创新

1. "客户导向"服务理念
2. "前沿对标"突破理念
3. "智慧借助"发展理念
4. "品牌经营"营销理念

图3-2　理念创新

1. 深挖客户需求，树立"客户导向"服务理念

"以客户为中心、专业专注、持续改善"是国家电网的核心价值观，其中"以客户为中心"是核心的核心。近年来，国网北京电力牢固树立以客户为中心的理念，把服务人民美好生活需要作为工作的出

发点和落脚点，把为客户创造价值作为工作的重要着力点，重视客户体验，努力提高业务效率、提高为民服务质量，全面提升人民群众获得感、幸福感。

以客户为中心是客户关系管理的核心内容之一。客户关系管理的核心内容包括五方面内容：一是以客户为中心。以客户为中心就是指企业的经营活动都围绕客户的需求展开，通过不断提升客户的满意度和忠诚度，使企业与客户能够建立并维持良好的关系，企业甚至可以与客户联盟，建立深层次的客户关系。二是客户是企业发展最重要的资源之一。随着市场竞争的加剧，企业的发展由产品导向转变为客户导向，客户已经成为企业生存和发展最重要的资源之一。因为企业利润的真正源泉是客户，而不是各项产品或服务本身。三是客户的差别化管理。不同的客户会产生不同的价值，对不同价值的客户要提供不同的产品和服务，实现差别化和个性化管理。四是对客户信息资源的整合。与共享客户关系管理的本质是对在与客户互动中产生的各类信息进行汇总、编码与管理，挖掘客户需求并对客户分类进行批处理，对有价值的客户提供更个性化的服务。五是业务流程再造，降低企业成本。通过业务流程再造可以减少各种不必要的环节，极大地提高企业与客户沟通、交流和交易的速度和效果，节约时间与成本。

消费者（客户）对服务质量的评价是通过顾客对服务的感知决定的，不仅要考虑服务的结果，而且要涉及服务的过程。对服务质量的衡量并不是只测量服务这单一指标，而是对构成服务质量的多个具体要素进行评价。由美国市场营销学家帕拉休拉曼（A.Parasuraman）、来特汉毛尔（Zeithaml）和白瑞（Berry）依据全面质量管理（total quality management，TQM）理论在服务行业中提出的SERVQUAL服务质量评价体系，被管理者和学者广泛接受和采用，被认为是适用于评价各类服务质量的典型方法，已成为服务质量评价的权威性工具。SERVQUAL服务质量评价体系从五个服务质量维度来测量，即有形性、可靠性、响应性、保证性、移情性。有形性，包括实际设施、设备以及服务人员的列表等；可靠性，是指可靠地，准确地履行服务承诺的能力；响应性，指帮助顾客并迅速提高服务水平的意愿；保证性，是指员工所具有的知识、礼节以及表达出自信与可信的能力；移情性，是指关心并为顾客提供个性服务。

国网北京电力始终把客户满意作为服务工作的出发点和落脚点，通过对客户关系管理理论和SERVQUAL服务质量评价体系核心内容的研究，结合国网北京电力实际情况，深入挖掘客户需求及业务办理痛点堵点，从可靠性、响应性、保证性、有形性、移情性五方面实现服务理念的创新和变革。包括反映有形性的供电营业厅转型升级，反映可靠性的完善供电可靠性管理机制，反映响应性的接电效率提升，反映保证性的创新服务模式，反映移情性的客户差异化管理，满足客户个性化需求，推动服务体系从单一渠道到多种渠道、从被动服务到主动服务、从固定式服务到灵活服务、从普遍服务到个性化服务全面转变，持续践行"以客户为中心"的服务理念。"客户导向"服务理念如图3-3所示。

（1）开展客户需求调研，满足个性化需要。

小微企业作为市场经济的微观基础，优化小微企业用电报装环境，支持小微企业健康发展，其意义十分重大。2020年，小微企业接电户数在国网北京电力企事业单位接电总数中的占比为45.29%，在客户总量中虽不过半，但小微企业业扩报装活跃度高，是国网北京电力客户

图3-3 "客户导向"服务理念

的重要组成部分。因此，国网北京电力首先聚焦小微企业，以小微企业用电作为精准攻坚重点，充分调研北京2万户小微企业用电需求，对重点客户进行了实地走访调研，发现超过95%的小微企业报装容量集中在160千瓦及以下，客户报装难点主要是手续多、接电时间长、报装管理成本高；接电后设备维护难点是电力专业人员缺乏、自身用电管理能力弱等。通过对以上"获得电力"过程中的痛点、难点和堵点的深入挖掘，同时结合SERVQUAL服务质量评价体系中"移情性"要求的为顾客提供个性服务理论、客户关系管理理论的"客户的差别化管理"理论，国网北京电力在全国率先推出了以线上服务为支撑，实现客户接电一次都不跑的零上门服务，以电力公司代替客户获取政府审批为支撑的零审批服务，以电力公司投资低压外电源工程为支撑的零投资服务。至此，"三零"服务正式诞生。

建立重点客户联动机制，实行"一户一策"。建立与重点用户的联动机制。做好客户引导，重点关注前期管控，上门对报装客户主动宣传，对线上受理的客户动态实时跟踪回访；针对敏感重点用户一对一走访确认，全面了解客户用电需求，宣传介绍"三零"服务措施。实现全业务线上化、全流程集成融合、全环节智能互动，全方位提高服务效率，力争线上办电率达100%。

2021年，国网北京电力在"三零"服务的基础上，以更高品质、更广维度、更优服务为目标推出"三零+"服务举措，进一步细化六大服务举措（全程线上办、10天内接电、覆盖更广泛、停电时间短、信息全透明、服务有保障），针对六大场景（小微企业、疫情防控、电动出行、全电餐饮、电暖人心、乡村振兴）提供精准电力服务，通过打造全新"三零+"服务生态，让各类市场主体客户都享受到便捷高效的特色供电服务。

"三零+"服务

六大服务举措：

环节最精简——全程线上办："三零+"客户申请办电只需"受理签约、施工接电"2个步骤，通过使用"网上国网"App在线申请办电，同时线上签订合同，指尖一点，即可轻松办电！

用时有承诺——10天内接电："三零+"客户获得电力时间不超过10天。其中无外线工程5天内完成，有外线无掘路工程8天内完成，有掘路工程10天内完成（占掘路行政"免审批"）。

投资零成本——覆盖更广泛:"三零+"在对小微企业实施"零投资"之外,将首都居民、私人充电桩、农业生产、疫情防控客户纳入服务体系范围,惠及更多群体,助力电力民生!

供电更可靠——年均停电更短:2020年,北京城市地区供电可靠性高达99.995%,户均停电时间27分钟。让首都客户用电更放心,生活更安心!

信息全透明——服务"六"公开:主动公开"三零+"服务范围、标准、流程、时限、进度,电价调整信息,客户可通过供电营业厅、官方网站、"网上国网"App等渠道查询。

服务有保障——主动接受监督:公开国网95598、北京市12345以及华北能源监管局12398热线,客户可对"三零+"服务水平进行监督、投诉及意见反馈。

六大服务场景:

三零+小微企业。国网北京电力积极贯彻国家及北京市帮扶小微企业发展政策,"三零+"通过提供线上申请、电子签约、双经理上门服务、进度可视化查询等服务,让小微企业实现"1分钟申请、零成本办电、10天就送电",享受到更贴心、更省心、更暖心的用电服务。

三零+疫情防控。国网北京电力积极应对首都常态化疫情防控大局,"三零+"助力疫情防控低压"极速接电",企业办电零接触、不花钱,全面做好首都疫情防控保障工作。

　　三零＋电动出行。国网北京电力响应国家"新基建"战略部署，"三零＋"深入居民生活区，使电动汽车客户享受办电迅捷、充电无忧的贴心服务，符合规划条件的社会经营性充换电设施外电源建设零投资，降低客户成本，体验品质出行。

　　三零＋全电餐饮。国网北京电力助力北京碳达峰、碳中和目标，"三零＋"使餐饮企业实现由传统化石能向清洁电力的用能转变，推动终端消费电气化，提供包括外电源接入、内线改造、电炊安装、电耗管理等综合能源的"一揽子解决方案"，减少碳排放，美味又健康。

　　三零＋电暖人心。国网北京电力持续打好"蓝天保卫战"，"三零＋"为政府认定的客户实施电采暖改造，消除冬季安全隐患，实施优惠电价，推广线上购电，让电采暖用户用电无虑，购电不出户，温暖度寒冬。

　　三零＋乡村振兴。国网北京电力积极落实国家乡村振兴战略要求，为农业用户提供"三零＋"服务，让农业用户"办电不跑腿、过程不操心、接电不花钱"，推广"供电＋能效"服务，助力乡村分布式新能源发展，服务乡村产业、文化、生态振兴。

　　（2）推动营业厅转型升级，优化办电体验。

　　供电营业厅是连接供电公司和客户的窗口，其服务质量和水平直接影响到客户满意度，进而影响供电企业的整体供电服务水平。国网

北京电力从打造"三型一化"营业厅、构建智能自助营业厅、建设国网"无人营业厅"三方面推动实体供电营业厅功能优化和服务升级，提高营业厅的整体服务水平，从而改善客户办电体验，提高营业厅运营监控成效。

"三型一化"营业厅。为提升营业厅的服务方式、服务重点、服务业务种类，统一构建智能型、市场型、体验型、线上线下一体化的"三型一化"营业厅建设模式，通过对营业厅的业务功能区划的精准定位，实现到厅用户业务一站式自助智能办理。营业厅划分为7个区域。即业务办理区、收费区、业务接待区、引导区、洽谈区、展示区和客户自助区。业务办理区，柜台是全开放式，并通过业务办理终端为客户提供报装业务"就坐-点菜"模式服务；收费区，营业人员与客户实现一对一服务，办理缴费及发票打印业务，并提供评价器，实时收集客户对收费服务的评价情况；业务待办区，设置在面向大厅主要入口左右两侧，配备客户填单台及填单椅；引导区，咨询台为开放形式，为客户提供用电项目咨询并智能引导客户到要去的区域，配置的AI机器人和客户人脸识别互动设备，通过智能语音的方式解答客户办理业务疑问，查询办电进度及电费使用情况；对客户身份（VIP客户、普通客户及高投诉率客户等）智能识别，针对不同类型客户提供个性化服务。洽谈区，为大客户提供业务办理私密空间，由工作人员为客户提供一对一的用电服务；展示区，配置网络电视数字显示互动设备，展示引导客户了解和熟知公司服务举措、业务项目等常识；客户自助区，配置智能业务办理终端设备、多功能业务智能一体台、发票（电子发票、增值税专票）自助开具智能终端、智能语音采集服务终端，为客户提供用电业务申请预受理、资料变更、用电信息查询、发票自助开

具、低压居民业务办理等自助服务，实现24小时营业窗口"不打烊"。

构建智能自助营业厅。国网北京电力为了提高营业厅运转效率及服务质量，有效疏导客流量，提升服务品质，确定了自助营业厅的基本标准。自助营业厅是为适应营业厅的业务量和业务需求，为客户自助办理用电业务提供服务的智能化营业场所，配置智能业务办理终端设备，提供客户信息采集、用电业务申请预受理、发票自助打印及领取、购电等自助服务。自助业务办理区主要以自助业务办理的形式开展，为客户提供普通发票打印，服务申请，用电申请、用电变更业务预受理等，运用图像识别等技术手段为客户提供多种表单电子化录入以及多种业务报装、变更业务受理的无纸化和高效化；设置实时电子屏幕流程图及在线工作人员视频或语音服务为客户在办理业务过程中遇到的问题提供帮助。所有设备统一接入营业厅智能交互平台，实现统一支撑和管理。客户携带齐全的报装资料可进行业务预受理，若客户未携带资料，可进行服务申请。客户可在该功能区进行增值税普通发票打印。自助交费区主要以自助交费的形式开展业务，客户持智能电卡或客户编号核对身份后，确认用电业务办理信息，该功能区提供以现金、银联卡、信用卡、支付宝、微信等方式交费及购电，收集支付宝、微信新购电用户信息，交费凭条打印业务等功能，为客户提供自助便捷交费优质服务。自助发票提取区签署增值税专用发票自助提取协议后，客户可以打电话预约打印增值税专用发票，由营业厅工作人员核实后打印发票并盖章，然后存放到发票提取柜自助设备中，客户可以到智能自助营业厅凭密码开箱取出发票。发票提取柜自助设备提升了客户体验，提高了工作效率，便于统一管理增值税专用发票。

建设国网"无人营业厅"。随着客户侧业务办理途径多样化、"网上

国网"客户端建设快速推进，国网北京电力在充分调研的基础上，以客户需求为导向，以提升客户服务体验和降本增效为目标，计划在首都核心区建设全国第一家国网"无人营业厅"，探索全智能化电力服务的试验田，构建广大客户获取电力服务的便利场所，推动电力基础业务智能化办理、客户行为大数据分析，完善客户标签化管理，提高主动精准的服务水平。

（3）提高供电可靠性，增强用电"安全感"。

电网坚强可靠是优化营商环境的重要基础。供电可靠性是指供电系统持续供电的能力，以及供电系统对于维持有效供电的保持能力，是评价电网发展水平和服务品质的重要指标，同时也是世界银行营商环境评价体系重要指标"获得电力"四个二级指标之一。国网北京电力从健全管理体系、提升配电网设备质量、提高不停电作业能力等方面，让供电更有保障、客户更有"安全感"。

健全完善供电可靠性管理体系。修编《供电可靠性管理实施细则》，建立以供电可靠性为主线的业务管理机制，组织各单位建设完成包括规划、运检、营销、安监、基建、信息、物资、调控等相关部门组成的供电可靠性管理网络；并且在电科院设置专业支撑机构，为公司提供可靠性评估、评价、分析以及系统开发和应用等技术支撑。针对世界银行"获得电力"调研问卷，公司安质部及时与国网安监部沟通，组织梳理供电可靠性指标数据；按照国网安监部要求，会同运检、营销等专业编制《10千伏工商业用户供电可靠性调研分析报告》，研究供电可靠性指标提升办法。

全面提升配电网网架和设备质量。落实配电网建设三年行动计划，编制并印发技术标准和细则18项，规范统一配电网建设改造标准，精

简物料，规范设备选型，坚持一流配电网用一流设备的原则，推进标准化、高质量设备应用。

持续提高不停电作业能力。按照"目标导向、示范引领、全面覆盖、能带不停"原则，全面推进配电网不停电作业管理与技术提升。提高不停电作业员工的专业技术水平，组织开展配网不停电作业实施单位作业资质认定和不停电作业技能竞赛，完成156名配网不停电作业人员培训取证工作，持续提升不停电作业队伍能力。创新不停电作业手段，推广应用依托绝缘斗臂车的中间电位绝缘杆作业法、综合不停电作业法、基于绝缘平台的绝缘杆作业法，降低不停电作业工作强度，提高作业效率。

（4）协同合作畅通渠道，提升办电效率。

国网北京电力从方便企业群众办事角度出发，以办电一个事项进行全要素考虑、全过程统筹，提升低压接电服务的效率和质量。坚持政企联动，建立信息互通机制。与北京市政府相关部门加强协作配合，共同推进工作扎实开展。通过政府各委办单位联席会议，主动宣传公司营销服务新举措；积极与市（区）政府、发改委、城管委、园林绿化局汇报沟通，争取政策支持，解决掘路审批周期长等难题；借助座谈、电话、微信等渠道，建立与区委办局的常态化沟通协调机制。跨部门配合，提高内部协作效率。国网北京电力开展"双契约"服务模式，提升沟通效率。公司对采用两条及以上线路供电的重要客户接电需求提供对外承诺和内部协同的"双契约"式服务。由客户与公司签订约时送电契约，客户明确用电需求，公司内部为客户制定专门的里程碑送电契约；推动"接电契约"服务线上化，开通在线提醒、在线督办功能；根据客户意向接电时间，明确责任，倒排工期，避免客户

多次往返，提升沟通效率。畅通投诉渠道，推出"接诉即办"。国网北京电力在公司官网、95598智能网站、"网上国网"App等多种平台上设置了投诉渠道，解决客户在办电过程中遇到的问题。此外，为响应群众用电诉求，提高诉求办理质量和效率，出台了《国网北京电力公司市民热线"接诉即办"工作实施细则》，《细则》在组织构架、工作机制等方面做出要求，并根据工单类型提出了具体办理时限，就绩效考评和惩罚规定做了细化。

（5）创新服务模式，提高客户信任度。

国网北京电力探索了一系列优化电力营商环境的创新举措，使运转多年的业扩报装管理模式得到了根本上的改革提升，通过用电业务进驻政务大厅、加强窗口人员培训、培养"全能型客户经理"、信息及时公开等服务模式创新，固化服务便利、透明、优质，业务人员精干的电力公司形象，打造重承诺，守信用的品牌形象，提高客户信任度。

用电业务进驻政务大厅，提升服务满意度。为了让广大客户切实享受到优质、高效、便捷的供电服务，国网北京电力积极推进用电业务进驻政务大厅，让企业在办理相关证照的同时，可以同期完成报装接电服务，实现"一网通办"，让客户真正享受"一条龙"服务。同时，为全面提升服务水平和效率，选派业务精湛、善于沟通的营销服务人员驻点政务服务大厅窗口，负责用电报装、"网上国网"App咨询等业务。

加强窗口人员培训，提升业务水平。开展内部宣贯，提升业务人员服务规范和专业技能。组织各单位开展营业窗口宣传品投放和业务人员培训工作，对营业窗口宣传品投放和业务人员服务内容进行明确规范。要求各单位组织业务人员充分利用好"班前例会"及营业间隙

对各项标准进行深入学习，确保营业窗口能够落实"一口对外""首问负责"等服务要求，提升服务品质。

推出"全能型客户经理"服务模式，实现业务一体化管控。公司针对"三减一提升"专项行动对传统业扩报装业务带来的变革，调整业务协同配合模式，打破专业壁垒，培养专业班组全能型客户经理。充分利用"营配合一"供服中心优势，一线业务高度融合，切实提高工作效率。"营配合一"背景下低压业扩报装服务模式由全能型客户经理完成现场勘查、接入系统方案制定、工程备资备料、工程施工组织和验收、签订供用电合同等工作，全能型客户经理对所负责的低压报装工程进行全过程管理。公司形成适用于全能型客户经理的低压业扩报装全流程操作手册，从组织模式、岗位职责、人员培养、流程衔接、物资准备、工程实施等6个维度指导一线人员全流程业务。"全能型客户经理"服务模式实现营销、运检一线班组业务高度融合，有效缩短供电服务半径，减少内部管理流转环节，精简作业模式，实现业务一体化管控，提升客户满意度。

服务信息及时公开，提高信息透明度。通过政府公共平台、95598智能互动网站、手机App、短信平台等渠道，实时发布和更新业务办理、服务时限、业务收费标准等服务信息，加强报装信息公示，推进业扩报装服务信息的公开化。

2. 紧扣世界银行"获得电力"关键要素，树立"前沿对标"突破理念

国务院公布的《优化营商环境条例》中指出，优化营商环境应当坚持市场化、法治化、国际化原则，以市场主体需求为导向，以深刻转变政府职能为核心，创新体制机制、强化协同联动、完善法治保障，

对标国际先进水平，为各类市场主体投资兴业营造稳定、公平、透明、可预期的良好环境。

"对标管理"，或称为基准管理、标杆管理，是指寻找和学习管理案例和运行方式的一种方法，成为企业乃至政府的一种流行选择，已成为最受企业欢迎的第三大战略管理方法。其基本内涵就是以那些行业中领先或竞争力最强的企业在竞争战略、职能管理、业务流程或组织设计等层面的最佳实践作为基准，树立学习和追赶的目标，通过资料收集、比较分析、跟踪学习、重新设计并付诸实施等一系列规范化的程序，将本企业的实际状况与这些基准进行定量化评价和比较，分析这些基准企业达到优秀绩效水平的原因，并在此基础上研究并实施相应赶超措施的一种管理活动。简单来看，所谓"对标"就是对比标杆找差距。

"获得电力"是世界银行推出的评价测量各个经济体营商环境便利程度的重要指标之一。国网北京电力以世界银行"获得电力"评价标准为改革指挥棒，深度剖析世界银行评价指标体系，围绕环节、时长、成本的压缩难题以及供电可靠性及收费透明问题，在充分考虑经济体领先水平、可参考性、资料可获得性等基础上，最终筛选出阿联酋、中国香港、马来西亚、泰国、俄罗斯、英国、捷克等经济体，对其主要改革举措开展研究，探索可借鉴经验。

（1）借鉴俄罗斯"零访问"服务，压减接电环节。

俄罗斯近年来在获得电力改革方面取得了明显成效，"获得电力"排名从2015年的第143位大幅跃升至2019年的第12位，其在压减环节方面的改革经验值得借鉴。研究发现俄罗斯"MOESK"光线电力公司针对15～150千伏安的小微企业客户，推出"零访问"服务，即通过网

络提交技术可行性申请和电源的申请及使用电子签名与MOESK签订相关合同，客户无需往返营业厅。国网北京电力通过充分调研、论证后，拓展"网上国网"手机App、95598网站服务等线上服务功能，实现无需客户往返营业厅。通过带头研发"网上国网"App系统定位、上传装表位置等新功能，实现全部信息线上流转，无需客户配合现场工作；同时采用外线工程实施及电能表安装工作完成并验收无误后，在接电当天，客户经理携带《供用电合同》至客户处，上门签订合同、收取申请资料并完成接电，真正实现客户报装接电"一次都不跑"。

俄罗斯报装接电流程分析

世界银行"获得电力"项目在俄罗斯选取了MOSEK作为评价对象。MOSEK（莫斯科联合电网公司）是莫斯科能源公司分部重组后形成的电力公司，主要经营输电和配电业务。目前，公司服务区域46900平方千米，服务人数2000万。

俄罗斯MOESK公司针对15～150千伏安的小微企业客户，推出"零访问"服务，通过开通线上申请通道，实现客户不需要去实体营业厅即可完成接电申请，并在39天内完成接电。该服务主要包括两项核心举措：①开通在线电力连接服务，设立中小企业办公中心，用户可通过访问utp.moesk.ru网站，应用电量计算器预估企业用电需求量。同时该网站还支持：计算用电需求、计算电力连接费用、填写电子申请并跟踪状态、在线支付业务、电子署名、查询附近供电中心、提出疑惑和发表

评论等在线服务。②提高服务专业性，在莫斯科地区推出了由专业人员和先进设备组成的配套服务。

俄罗斯MOESK公司的"获得电力"整体流程主要分为两个环节，分别是：①在线提交技术可行性（TP）和电源申请，以及在线使用电子签名签订TP和电源合同，这个环节需要4天时间；②公司派出工程师执行工程，检查电力设施，最终提供电力，这个环节需要35天时间。俄罗斯报装接电流程如图3-4所示。

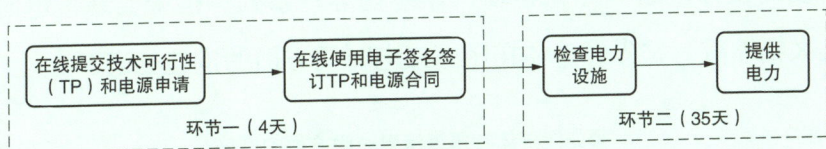

图3-4　俄罗斯报装接电流程

整个环节完成下来需要39天时间，费用会按照具体的情况来决定。

客户的报装接电全过程整个线上申请均可在线完成，不需要线下确认或者提交材料。俄罗斯MOESK公司优先推荐线上渠道报装，如果客户打电话，客服直接引导到网上渠道。

同时，客户可以到现场通过任意的MOESK客户办公室进行申请，没有受理区域范围限制。俄罗斯MOESK公司为线下渠道申请办理的客户提供免费快递（电力公司承担）。

报装接电合同金额在550卢布以内，可以通过手机短信方式签署协议。如果合同金额大于550卢布，通过电子签名形式签订协议。

（2）对标先进经济体举措，持续压缩办电时长。

对标阿联酋、中国香港、马来西亚、捷克等"获得电力"领先经济体在压缩办电时长方面的举措，发现先进经济体主要从五个方面进行改革：简化审批申请接电的流程，为各项业务的办理设定严格的截止时间，建立专业的工作组或者设立专员来完成专项业务，开通线上渠道从而使得客户能够在线办理业务，提高电力公司内部流程的效率。基于此，国网北京电力通过简化行政审批流程、接电限时契约服务、实行框架招标及物资实物储备工程管理模式、持续优化线上服务功能、创新使用设计勘察一体化移动作业终端等一系列举措来实现接电时长持续大幅缩减。领先经济体在压缩接电时间方面的措施见表3-1。

表3-1   领先经济体在压缩接电时间方面的措施

地区	年份	具体措施
阿联酋	2017	实施新的计划缩短接电所需的时间，该计划具有严格的审查申请，执行检查和仪表安装的截止日期
	2016	减少接电成本估算所需的时间
	2015	取消现场检查的要求并减少提供接电所需的时间
	2013	引入电子"一个窗口，一步到位"的应用程序流程，使客户能够在线提交和跟踪他们的接电申请并缩短处理接电申请的时间
中国香港	2019	建立专门的工作组来负责掘路
	2017	简化审批申请接电的流程，并缩短了颁发挖掘许可证所需的时间
	2016	简化审批接电连接的程序以及完成连接工作和仪表安装的过程
	2012	提高电力公司的效率和简化电力公司与政府机构的程序
马来西亚	2014	提高电力公司内部流程的效率，改善与外包商的沟通和对话
捷克	2017	聘用专员来处理所有提交的接电申请
英国	2019	实施多项措施加快外包商进行的外部连接工作

续表

地区	年份	具体措施
泰国	2019	实施地址查询，取消了外部现场检查
俄罗斯	2020	俄罗斯通过设定新的截止日期并在莫斯科和圣彼得堡的公用事业单位内建立专门的连接工程部门，缩短电力供应时间
	2019	为接电设定新的截止日期以及升级电力公司的单一窗口及其内部流程

（3）参考阿联酋接电零成本，实现低压"零投资"。

参考阿联酋减免150千伏安以下工商业接电的所有成本的做法，国网北京电力优化供电方式，按照就近接入原则实现与公共电网并网，北京地区提高低压接入电网的用电容量标准至160千瓦，并延伸电网企业投资范围至电能表，实现客户接电零投资。

阿联酋接电费用情况

世界银行"获得电力"在阿联酋选取了其人口最多的城市迪拜作为调研对象。迪拜境内的电力供应被迪拜水电局（DEWA）垄断。迪拜水电局作为迪拜政府全资所有企业，负责设定迪拜市场的水电价格，并接受迪拜政府监管。2017年迪拜水电局在迪拜境内供电用户近80万，其中商业用户占比约24%。迪拜水电局的电力传输和配电网络损失仅3.3%，已达全球最高水平之列，每年客户断电时间仅3.28分钟。根据2019年世界银行营商环境报告，阿联酋"获得电力"排名世界第一。

在安装费用方面，在2019年之前需要根据房屋类型支付不同额度的保证金，在保证金完成付款后15个小时内会有相关工作人员主动与客户联系，保证金在完成安装后会全额退还。2019年阿联酋进一步减免了150千伏安以下客户的保证金。

日本接电费用情况

世界银行"获得电力"在日本选取了东京和大阪作为调研对象。2010、2011年东京、大阪作为获得电力指标试点城市引入营商环境报告，东京获得电力安装成本为零，是当年所有试点城市中获得电力安装成本为零的唯一城市；2013年，东京获得电力安装成本仍是唯一为零的城市，而大阪因缺少数据，该指标未获得评分；到2014年，东京、大阪获得电力安装成本均为零。随后自2015年到2018年，日本是唯一获得电力安装成本为零的国家；直到近两年，中国、阿联酋与日本一起成为唯三的获得电力安装成本为零的国家。

（4）对照香港供电奖惩措施，完善财务遏制举措。

2019年世界银行评价结果显示，我国供电可靠性和电费透明度获得7分，未获得的1分为财务遏制制度尚未出台。2020年3月27日，北京市十五届人大常委会第二十次会议表决通过了《北京市优化营商环境条例》，财务遏制措施在全国率先写入地方立法。具体奖惩措施对标香港特区政府对"中华电力"供电服务的奖惩措施，见表3-2。

香港供电服务政府监管处罚情况

香港地区发生停电后,客户须拨打中华电力的27288333(停电热线)进行咨询,客服会视情况委派工作人员上门恢复供电。若出现经常性停电情况,该公司会交由下辖分管该片区的部门来核对是否进行赔偿。

香港特别行政区政府环境局与供电企业签订《管制计划协议》进行监管,明确了对供电企业的供电可靠性表现、运作效率表现、客户服务表现和恢复供电表现的奖励及罚款。其中供电企业的恢复供电表现指标是最新一期《协议》(2018年10月1日生效,有效期至2033年12月31日)中的新增指标。

表3-2　　　香港特区政府对"中华电力"供电服务的奖惩措施

客户表现类别	表现指数	目标	奖惩比例(奖励/罚款为固定资产平均净值的百分比)
供电可靠性	平均服务可用指数(ASAI)	ASAI 高于或相等于99.9960%	0.02%
		ASAI 低于99.9960%但高于或相等于99.9950%	0.01%
		ASAI 低于99.9950%但高于99.9930%	0.00%
		ASAI 相等于或低于99.9930%但高于99.9920%	−0.01%
		ASAI 相等于或低于99.9920%	−0.02%
恢复供电	平均电网供电复电时间(GSRT)	GSRT 为65分钟或以下	0.02%
		GSRT 为多于65分钟但相等于或少于70分钟	0.01%

续表

客户表现类别	表现指数	目标	奖惩比例（奖励/罚款为固定资产平均净值的百分比）
恢复供电	平均电网供电复电时间（GSRT）	GSRT 为多于 70 分钟但相等于或少于 80 分钟	0.00%
		GSRT 为多于 80 分钟但相等于或少于 85 分钟	−0.01%
		GSRT 为多于 85 分钟	−0.02%
运作效率	接驳及供电表现指数（CSPI）	CSPI 相等于100%	0.01%
		CSPI 低于 100% 但高于 99.98%	0.00%
		CSPI 相等于或低于 99.98%	−0.01%
客户服务	预约项目准时指数（API）	API 高于或相等于 99.8%	0.01%
		API 低于 99.8% 但高于或相等于 99.7%	0.01%
		API 低于 99.7% 但高于 98.0%	0.00%
		API 相等于或低于 98.0% 但高于 97.9%	−0.01%
		API 相等于或低于 97.9%	−0.01%

3. 引入外脑，树立"智慧借助"发展理念

提升"获得电力"指标在世界的排名，化解小微企业面临的接电难题，有效提升客户的满意度和幸福感，需要创新，需要变革。习近平总书记关于深化改革的重要论述中曾指出，"研究、思考、确定全面深化改革的思路和重大举措，刻舟求剑不行，闭门造车不行，异想天开更不行，必须进行全面深入的调查研究"。国网北京电力积极与世界银行专家、行业协会、第三方机构等专业人士沟通交流，拓宽视野，集思广益，挖需求、找差距、知不足、挖根源、明方向。

（1）接受世界银行专家指导。

国网北京电力加强与世界银行沟通，一方面准确把握世界银行关于"获得电力"指数的内涵、评价标准和相关要求，另一方面向世界银行宣传北京公司电力营商环境的创新举措和实际成效，取得世界银行对北京公司优化营商环境工作的认可。具体采取了以下举措：

1）积极与世界银行专家沟通联络，主动汇报工作进展。加强与世界银行团队间的交流，认真准备汇报文稿、PPT、政策汇编、典型案例集等资料，定期与世界银行团队进行正式、高效沟通，明晰调查对象、评价流程，做到有的放矢，精准定位。同时，通过汇报沟通让世界银行及时了解公司专项活动提升举措及实施成效。

2）吸取世界银行专家意见和建议，完善改革举措。2017年底，世界银行电力专家Rita女士和Eric先生在国网北京电力调研（见图3-5），

图3-5 世界银行电力专家Rita女士和Eric先生到国网北京电力调研

介绍了"获得电力"先进经济体典型经验，并就公司现行做法提出了改革建议。2018年3月，世界银行电力专家Tigran先生向公司推荐先进经济体的互联网线上服务模式。国网北京电力认真汲取世界银行专家意见建议，确定了以"客户接电一次都不跑"为目标，完善线上服务功能为核心的改革举措，减少与客户互动，实现环节有效压减。

（2）借力高端智库。

国网北京电力与第三方智库开展合作。依托智库高端势能和专家资源，聚焦"获得电力"客户办电各环节，对标世界银行标准、学习国内外地区领先经验，通过研究、调查分析，形成大量宝贵资料和成果，对于全面优化北京电力营商环境、提升"获得电力"水平发挥了至关重要的作用。

深入研读评价规则，明确工作重点。工欲善其事，必先利其器。提升"获得电力"排名，要从了解世界银行"获得电力"评估制度规则入手。国网北京电力组织智库团队认真研读世界银行"获得电力"评估方法论、评价体系、调研问卷案例等，并对先进经济体开展调研。在准确把握世界银行方法论的同时，基于先进经济体的做法，结合国网北京电力自身特点，提出针对性改革建议。

立足客户视角，进行办电全流程改进。基于世界银行"获得电力"问卷，组织智库专家，立足小微企业客户视角，通过模拟报装、用户回访等方式深度挖掘电力报装全流程中的难点、堵点，提出全流程改进建议。

开展后期考评，扎实推进服务落地。为进一步精简办电环节，委托智库开展提升"三零"客户用电服务"获得感"的绩效评估工作。通过构建科学、全面的评估指标体系及评估量表，以电话访谈、实地

走访、随机抽查等形式客观评估"三零"服务落实情况。深入分析"获得电力"服务存在的短板，形成覆盖并优于世界银行的考评体系。

（3）举办交流研讨会。

国网北京电力多次举办优化营商环境、提升"获得电力"服务方面的研讨会、分享会（见图3-6），邀请四大会计师事务所、知名律师事务所、咨询机构专家、大型企业负责人以及政府部门人员参加，介绍公司在优化电力营商环境方面的主要做法和取得的成效。与会人士结合自身专业对提升"获得电力"服务方面举措提出改进意见，国网北京电力认真梳理总结专家建议，进一步优化客户办电流程，打造环节最少、手续最简、成本最低、时间最短、服务最优、效率最高的电力营商环境。

图3-6　2018、2019年国网北京电力优化营商环境提升获得电力服务研讨会

4. 推动特色服务产品化，树立"品牌经营"营销理念

品牌在现代市场营销和竞争中发挥着越来越重要的作用。大力实施品牌战略是提高企业核心竞争力的重要手段之一，同时品牌所具有的品牌效应有助于产品（服务）在客户中传播记忆。国网北京电力牢固树立"品牌经营"的营销理念，将特色电力服务打造为公司品牌，通过良好的服务提升品牌价值，在客户心中树立品牌知名、信誉良好、服务优质的企业形象。

（1）打造特色电力服务品牌。

2018年，国网北京电力聚焦客户在"获得电力"过程中的关切和需求，以减少办电环节、减少办电时间、减少办电成本、提升客户感知，即"三减一提升"四个方面为出发点和立足点，通过精炼设计、形成了简约明晰、利于传播的"三零"（零上门、零审批、零投资）服务品牌，2019年国家明确在直辖市和省会城市推行"三零"服务，"三零"服务品牌在全国电力系统得到推广应用。

（2）持续迭代升级服务产品。

产品（服务）是品牌构成的核心和基础。国网北京电力结合优化首都营商环境工作，除"三零"服务外，相继推出"三省""三零+"服务，不断完善"获得电力"服务体系。2019年，针对10千伏临时用电客户面临的手续多、资料多、时间长、成本高等问题，在"三零"服务的基础上推出高压10千伏临时用电"省力、省时、省钱"的"三省"服务，客户通过菜单式、套餐式的选择，实现"获得电力"环节压缩50%、平均时长压缩70%、投资平均节省30%。2021年，北京市优化营商环境进入4.0新阶段，国网北京电力推出"三零+"

服务,在原有服务小微企业客户基础上,服务对象延展至疫情防控、私人充电桩、全电餐饮、电采暖、农业生产等客户,推行"环节最精简、用时有承诺、投资零成本、供电更可靠、信息全透明、服务有保障"6项服务举措,为客户提供"供电+能效"增值服务,惠及更多群体,助力电力民生。国网北京电力"获得电力"服务产品如图3-7所示。

图3-7 国网北京电力"获得电力"服务产品

（3）开展形式多样宣传活动。

国网北京电力以"三零""三零+"服务品牌及"获得电力"相关改革成效为重点，组织开展多层次、多渠道、多角度的宣传活动，包括举报新闻发布会，组织公众开放日、外部培训，在主流媒体平台、新媒体进行新闻报道，编制白皮书等，充分向公众展示了公司在"获得电力"服务方面取得的丰硕成果以及努力成为优化营商环境排头兵的决心。

高频次举办新闻发布会。国网北京电力连续组织多场新闻发布会（见图3-8），面向公众和电力客户展示优化营商环境、"获得电力"举

图3-8　国网北京电力多次举办新闻发布会

措，提升政策知晓率。2018年2月8日，国网北京电力召开新闻发布会宣布，正式启动助力小微企业"获得电力""零上门、零审批和零投资"三零专项服务行动。2018年5月14日，联合北京市城市管委召开新闻发布会，将行政审批与报装接电有机结合，打好政策组合拳，助力优化营商环境"获得电力"提升。2019年2月28日，召开新闻发布会推出10千伏临时用电"三省"服务，同时针对"三零"服务推出三项改革创新。2020年5月26日，召开"优化电力营商环境·服务经济社会发展"新闻发布会，公开发布"六项"服务承诺、"三零"服务再提升、一证办电等内容。2021年7月24日，召开"三零＋全电餐饮"新闻发布会，发布优化电力营商环境"三零＋"服务举措，以及在全市深入开展"三零＋全电餐饮"服务成效。通过以上一系列新闻发布会的召开，国网北京电力在提升品牌认知度，提升服务影响力方面，取得十分显著的成果。

国网北京电力开展"三零＋全电餐饮"服务

2021年7月14日，国网北京电力召开"三零＋全电餐饮"新闻发布会，发布优化电力营商环境"三零＋"服务举措，以及在全市深入开展"三零＋全电餐饮"服务成效。2021年3月以来，国网北京电力积极推行"三零＋全电餐饮"服务，全力推进首都商业餐饮"液化石油气改电"工作。

2020年9月22日，习近平总书记指出：中国将提高国家自主贡献力度，采取更加有力的政策措施，二氧化碳排放力争于

2030年前达到峰值，努力争取2060年前实现碳中和。电能具有高效、清洁、安全、便捷等优势，实施电能替代对推动能源消费革命、落实国家能源安全新战略、促进能源清洁发展意义重大。2021年年初，北京市提出加快天然气、电力替代非居民用户液化气石油气的总体要求，北京市东、西城区率先开展非居民客户瓶装液化石油气安全整治工作。国网北京电力积极落实，与政府主管部门建立政企联动机制，探索开展"三零+全电餐饮"服务。

"'三零+全电餐饮'服务模式聚焦首都核心区胡同等商业餐饮区域发展及清洁用能需求，为客户提供全电厨房设计、设备选型安装、内线配套升级改造等6项服务举措，使客户有效减少用能安全隐患，更可优化用能结构，提升能效水平，为'双碳'目标助力。"国网北京电力营销部副主任邢其敬表示。"西城区'瓶装气改电'项目报装业务集中，而且总量大、时间紧，我们组建了专项工作组，分7组分别到现场对接客户需求、测算用电容量，同时对附近现状电源情况进行现场勘查，提前制订供电方案，确保提升办电效率、满足客户用电需求。"国网北京城区供电公司副总经理魏妍萍介绍。

国网北京电力将全面总结核心区液化石油气改电的工作经验，持续推行"三零+全电餐饮"服务，优先开展副中心和昌平回天地区液化石油气改电。积极推动首都核心区"油锅炉改电"，试点开展昌平中小学校园"气改电"等工作，助力国家碳达峰、碳中和目标的实现。

　　创新互动，增强宣传实效。国网北京电力带头以"优化营商环境，助力小微企业获得电力"为主题，组织公众开放日、外部培训等多样化互动宣传活动。公众开放日活动邀请城市管理委员会等政府部门负责人、社会责任及经济领域专家、媒体、街道办事处和小微企业代表等参加，现场与小微企业代表进行充分交流，分享国网北京电力"三零"服务体验和感受（见图3-9）。面向北京600余家企业开展专场培训，安排专人走访中小微企业，介绍专项服务举措，增进彼此了解，提升公司品牌公信力与用户感知度。

图3-9 "优化营商环境，助力小微企业获得电力"公众开放日会议现场

　　拓宽渠道，开展全方位宣传。在宣传内容上，国网北京电力聚焦客户关注的优化营商环境便民举措，简明扼要，突出重点；在宣传形式上，针对不同受众群体，调整宣传渠道，通过与各类媒体、广告机

构合作，最大范围传播"获得电力"服务产品，提升政策透明度和知晓率。

（1）通过主流媒体传播。国网北京电力在中央电视台（见图3-10）、北京电视台、《人民日报》《中国日报》《经济日报》《中国经济时报》等海内外权威中央主流媒体共刊发报道300余篇（见图3-11），市属媒体及网络媒体共刊发及转载2000余篇，全面提升公司打造良好营商环境各项举措的公众知晓力、品牌形象公信力和影响力。

图3-10　中央电视台进行相关报道

（2）通过新媒体推广。为深入贯彻落实国务院优化营商环境要求，国网北京电力根据当前广大用户信息获取渠道特点，充分利用新媒体开展"优化营商环境"点对点传播，通过今日头条和微信朋友圈向用户进行信息推送（见图3-12），利用人民网等直播平台进行互动报道，总曝光量超过600万次。

图3-11　《人民日报》《中国日报》刊发"优化营商环境获得电力"相关报道

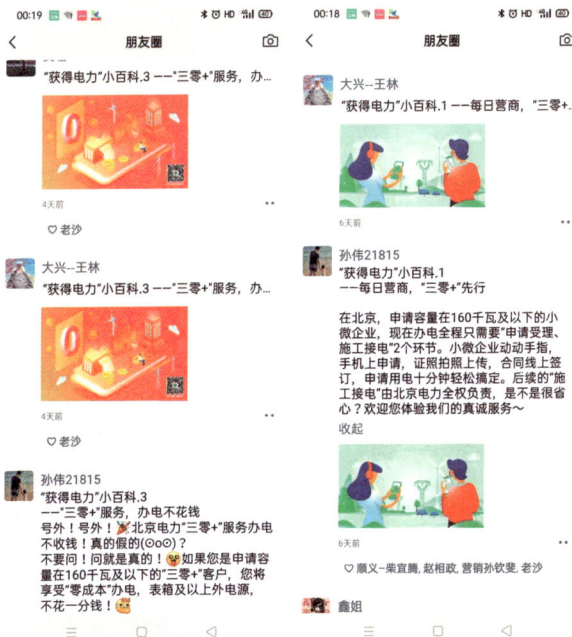

图3-12　微信朋友圈精准推广

（3）进行户外广告投放。国网北京电力在北京各大写字楼、住宅楼、党政机关单位等区域通过海报、电梯轿厢广告及电子屏播放等形式合计约2800余个点位投放平面广告（见图3-13和图3-14），覆盖人

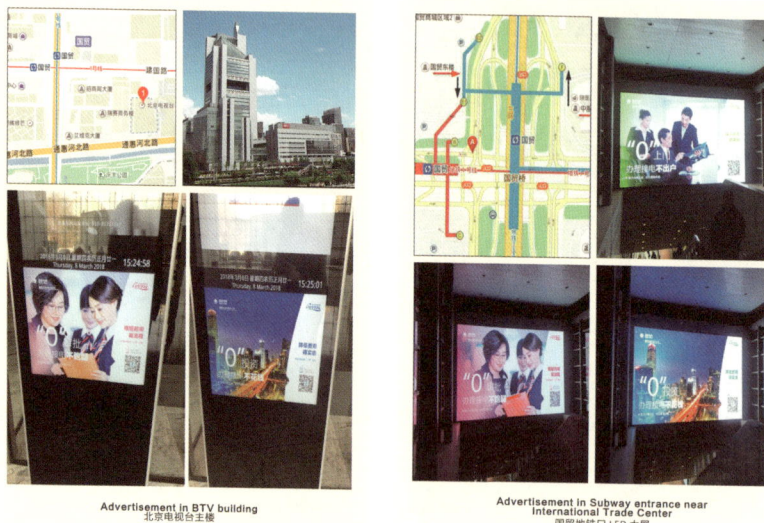

图3-13　北京电视台主楼、国贸地铁口LED屏展示

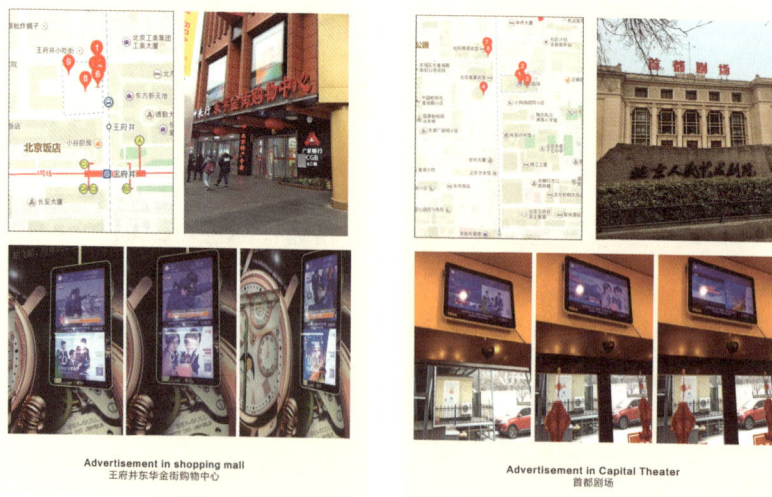

图3-14　王府井东华金街购物中心、首都剧场LED屏展示

群超过1200万人次,以此向广大居民、企业主、党政机关等人群宣传推广优化营商环境"三零"专项服务行动,增强受众对服务举措的认知,提升品牌影响力。宣传渠道类型及其特点见表3-3。

表3-3　　　　　　　　宣传渠道类型及其特点

渠道类型	媒体	特点	形式
主流视频媒体	新华社 中央电视台	权威性、直观性强	视听合一
主流平面媒体	人民日报 中国日报 经济日报	权威性、传播速度快、信息量大、说明性强、易保存、可重复	文字为主,图片为辅
主流广播媒体	经济之声 中国之声 北京新闻广播	权威性、即时性、较强的亲和力	以声音为载体
网络新媒体	政府官网 人民网 新华网 今日头条 微信朋友圈	即时性、共享性、交互性、超时空性	形式多样,可融文字、音频、画面为一体
户外媒体	园区标志性建筑 CBD商业楼宇	视觉冲击力强、空间资源独占性、生活轨迹粘连性	文字与图片结合、视频

编制白皮书。国网北京电力连续三年编制优化营商环境白皮书,2018年3月发布《服务营商环境白皮书(2017—2018)》,介绍了北京地区电力服务的基本信息、相关政策、流程和各项服务改革举措;2019年3月发布《国网北京市电力公司服务营商环境白皮书(2018—2019版)》,是在我国首次进入营商环境世界排名前50名的国际背景下编制而成,从服务品质维度、营商环境维度、系统提升维度和民生优先维度展现了过去一年来优化电力营商环境所获成效及未来展望;2020年5月发布

《服务北京打造国际一流营商环境高地白皮书（2019—2020版）》（见图3-15），围绕取得世界银行2020优化营商环境评分95.4分，名列第12位显著成绩数据对比多维分析，向社会各界和主流媒体展示国网北京电力积极进行优化营商环境改革，争当领先的决心。

国网北京电力通过编制白皮书，以期实现两方面目标：一是将所做的工作及时传递给公众，使社会认可和支持公司的工作成效，不断营造良好的优化电力营商环境工作氛围；二是做好用电报装信息公开工作，及时公开政府政策、办电环节、时限及成本等方面信息，主动接受社会和用户监督。

图3-15　国网北京电力编制优化营商环境白皮书

（三）经验总结与推广

国网北京电力构建的"客户导向"服务理念、"前沿对标"突破理念、"智慧借助"发展理念、"品牌经营"营销理念新理念体系，不仅适用于优化电力营商环境方面，同时适用于以客户为中心开展服务工

作的各个行业，在营商环境改革其他领域，政府等相关部门可看作服务提供者，各类市场主体作为"客户"，同样适用于此项理念体系。

树立"客户导向"服务理念：优化营商环境，当务之急是要增强服务意识，相关部门要转变思维，从"官本位"到"店小二"。优化营商环境需要处理好政府与市场的关系，政府应从审批管理的视角，转为服务企业的定位。一方面，刀刃向内改自己，减少政务环节、减免不必要的成本、提高办事效率。另一方面，政府需要站在企业视角，有求必应，无事不扰。为创业企业营造良好的创新环境，为成熟企业创造良好的发展环境，为传统企业提供良好的转型环境，关注企业最关心的痛点、企业新增投资的顾虑、企业转型所需的环境，为企业做好服务。

树立"前沿对标"突破理念：推行对标管理，明确自身与业界最佳的差距，确定工作的总体方向。对标工作不是简单的数据对比，更重要的是寻找指标背后的管理原因、管理差距和管理漏洞，分析研究和制定措施并加以改进。在营商环境改革中，要勇于对标国际国内最高标准、对接国际通行规则，朝着建设国际一流营商环境的目标不断前行。

树立"智慧借助"发展理念：智慧借助既是工作理念，也是工作方法。营商环境便利化改革中会遇到复杂多样的问题，要充分发挥"外脑"作用，借助第三方机构力量，通过开展全方位多层次的合作，破解改革难题。

树立"品牌经营"营销理念：营商环境是一座城市走向世界的名片，是城市参与全球合作的核心竞争力。地方通过政府创建营商环境相关服务品牌，可以打造良好的城市形象，同时品牌的传播价值也有助于更多市场主体享受到营商环境改革带来的福利。

二　组织创新

（一）组织创新的理论基础

《管理学原理》一书中将组织创新定义为全面系统地解决企业组织结构与运行以及企业间组织联系方面所存在的问题，使之适应企业发展的需要，具体内容包括企业组织的职能结构、管理体制、机构设置、横向协调、运行机制和跨企业组织联系六个方面的变革与创新。

职能结构的变革与创新。要解决的主要问题包括：第一，走专业化的道路，分离由辅助作业、生产与生活服务、附属机构等构成的企业非生产主体，发展专业化社会协作体系，精干企业生产经营体系，集中资源强化企业核心业务与核心能力。第二，加强生产过程之前的市场研究、技术开发、产品开发和生产过程之后的市场营销、用户服务等过去长期薄弱的环节，同时加强对信息、人力资源、资金与资本等重要生产要素的管理。

管理体制（组织体制）的变革与创新。变革与创新要注意以下问题：第一，在企业的不同层次，正确设置不同的经济责任中心，消除因经济责任中心设置不当而造成的管理过死或管理失控的问题。第二，突出生产经营部门（俗称一线）的地位和作用，管理职能部门（二线）要面向一线，对一线既管理又服务，根本改变管理部门高高在上，对下管理、指挥监督多而服务少的传统结构。第三，作业层（基层）实行管理中心下移。

机构设置的变革与创新。考虑横向上每个层次应设置哪些部门，部门内部应设置哪些职务和岗位，怎样处理好他们之间的关系，以保证彼此间的配合协作。改革方向是推行机构综合化，在管理方式上实

现每个部门对其管理的物流或业务流，能够做到从头到尾、连续一贯的管理，达到物流畅通、管理过程连续。

横向协调的变革与创新。第一，自我协调、工序服从制度。实行相关工序之间的指挥和服从；第二，主动协作、工作渗透的专业搭接制度；第三，对大量常规性管理业务，在总结先进经验的基础上制定制度标准，大力推行规范化管理制度。这些标准包括管理过程标准、管理成果标准和管理技能标准。

运行机制的变革与创新。建立企业内部的"价值链"，上下工序之间、服务与被服务的环节之间，用一定的价值形式联结起来，相互制约，力求降低成本、节约费用，最终提高企业整体效益。改革原有自上而下进行考核的旧制度，按照"价值链"的联系，实行上道工序由下道工序考核、辅助部门由主体部门评价的新体系。

跨企业组织联系的变革与创新。前面几项组织创新内容，都是属于企业内部组织结构及其运行方面的内容，除此之外，还要考虑企业外部相互之间的组织联系问题。重新调整企业与市场的边界，重新整合企业之间的优势资源，推进企业间组织联系的网络化，这是新世纪企业组织创新的一个重要方向。

其中企业组织的职能结构、管理体制、机构设置、横向协调四方面的变革与创新，可以概括为组织结构创新。在我国针对某一特定、系统性强、复杂度高的项目主流组织结构创新模式是"一把手工程"和领导小组。"一把手工程"是对某项工作重视程度的一种定位，是"一把手"负责、主抓、为"第一责任人"的工程。是一个地方一个时期的工作重心，工作量大，牵涉面广，政策性强，需要主要领导倾注主要精力着力去抓，建立"一把手亲自抓、分管领导直接抓、落实专人具体抓"的工作机制，

明确要求，落实责任，做到任务、人员、措施"三落实"，对于抓好重大、重要或紧迫的工作是很有必要的。而做好"一把手工程"应该注重和坚持"一把手"领导下的分工负责制，充分发挥企业副职和相关部门的主动性、创造性和积极性，大家各司其职，有职有权。同时工作中要加强管理，要靠管理机制和规章制度从根本上确保各项工作顺利完成。领导小组（专项小组）是中国所特有的一种组织方式和工作机制。在社会工作领域，领导小组也指针对某一特定项目而成立，由若干分工明确，定位不一的工作者组成，负责该项目的策划、管理、招募与实施。

运行机制和跨企业组织联系两方面的变革与创新可以概括为组织内外部协同机制的创新。针对营商环境方面的协调机制改革与创新党中央和国网电力均做过相关要求。习近平总书记强调，"营商环境只有更好，没有最好"。打造良好营商环境是一项复杂系统工程，需要从多方面协同发力。国家电网颁布的《持续优化营商环境提升供电服务水平两年行动计划（2019—2020年）》中要求，要坚持政企协同，抓住当前"放管服"改革契机，主动融入地方优化营商环境工作，争取地方政府支持，解决电网规划路由、掘路施工等外部环境制约；要强化内部协同，建立"强前端、大后台"服务与支撑团队、跨专业协同联动机制，真正实现用电服务"一口对外"。

（二）国网北京电力组织创新体系

优化电力营商环境行动是一项系统性强、复杂度高的工程，国网北京电力为顺利优化电力营商环境，基于《管理学原理》中组织创新的具体内容，从组织体制、组织结构、协调机制三方面实施变革与创新。组织体制创新方面，考虑到优化电力营商环境是一项"重点工

程"，即"牵一发动全身"的工程；是一项"系统性工程"，即牵扯众多部门机构，且需要大量协调和对标的工程；是一项"长期工程"，即并非一年两年就能完成的，而是"永远在路上"的工程，因此从这三个方面来讲，都需要"一把手"亲力亲为、亲自部署、亲自调度和亲自监察。因此，国网北京电力将优化营商环境打造成"一把手工程"，顶格推进，确保各项改革举措落到实处、取得实效；组织结构创新方面，考虑到"获得电力"涉及了很长的服务链条和多个相关部门，如果仅依靠单个部门的"一己之力"去推动改革，能够达到的效果有限，必须突破原来的组织界限，实现管理和技术的融合，因此，国网北京电力组建优化营商环境专项服务团队，突破原来的组织界限，实现管理和技术的融合，形成管控有力、服务专业的组织体系。协同机制创新方面，考虑到"获得电力"全流程除与电力公司内部多个部门相关外，还涉及相关政府部门，因此，国网北京电力在外部积极与相关政府部门协同沟通，在内部专业协同上狠下功夫，通过建立内外部多方协同机制畅通合作沟通，破除制约发展的体制机制障碍，助力电力服务质量提升。组织创新体系结构图如图3–16所示。

图3-16　组织创新体系结构图

1. 打造"一把手工程"确保"获得电力"改革持续推进

电力营商环境优化是一个系统工程，必须靠"硬核力量"、强有力的领导力注入，赋能优化提升。领导力是支撑领导行为的各种领导能力的总称，其着力点是领导过程，换言之，领导力是为确保领导过程的进行或者说领导目标的顺利实现服务的。基于领导过程进行分析，可以认为，领导者必须具备六种领导能力：影响力，对应于或来源于影响被领导者和情境的能力，是领导者积极主动影响被领导者的能力；前瞻力，对应于群体或组织目标的目标和战略制定能力，从本质上讲是一种着眼未来、预测未来和把握未来的能力；学习力，是领导人超速的成长能力，拥有优秀学习力的领导总是会把自己的智慧、自己的思想变成别人的智慧、别人的思想；控制力，对应于群体或组织目标实现过程中控制目标实现过程的能力，是领导者有效控制组织的发展方向、战略实施过程和成效的能力；决断力，对应于群体或组织目标实现过程中正确而果断决策的能力，是针对战略实施中的各种问题和突发事件而进行快速和有效决策的能力；感召力，对应于或来源于吸引被领导者的能力，是最本色的领导能力。这六种关键的领导能力构成了领导力六力模型。国网北京电力将优化电力营商环境打造成"一把手工程"，就是为了充分发挥"一把手"勇担当、敢拍板、善决策的号召力、影响力、凝聚力和推动力。

电力营商环境优化涉及很长的服务链条和多个相关部门，如果仅依靠单个部门"一己之力"去推动改革，能够达到的效果有限，必须通过强有力的、跨部门的领导和系统性的、可持续的组织才能够保障各项改革举措协同落地。通过成立一把手领导小组，充分发挥了国网

北京电力"一把手"的影响力和前瞻力，使各项改革工作有序、强力得以推进。

好的改革优化必须落实落地落细，国网北京电力充分发挥"一把手"的学习力和执行力，牵头学习，牵头调度会、头脑风暴会，组织中级以上干部集体学习，并组织专家定期开展培训，提高业务能力水平。从先进经济体身上学经验，从自身业务中找关键，从执行过程中抓落实，实现了"三零"从1.0到2.0到3.0，确保了"获得电力"水平的持续提升。国网北京电力一把手"获得电力"领导小组召开优化营商环境工作部署会如图3–17所示。

图3-17　国网北京电力一把手"获得电力"领导小组召开优化营商环境工作部署会

改革，不可避免地会对旧的机制流程模式发起挑战，这就需要相关组织部门和领导在关键决策时敢于拍板，在重要举措落实时能够给

予支持，国网北京电力充分发挥"一把手"的决策力和感召力，变革原有投资模式，推出了"三零"专项服务，实现了企业发展和地区营商环境提升的双赢。

国网北京电力一把手"获得电力"领导小组由董事长亲自挂帅，省公司领导班子全体成员、总经理助理、副总师和18个部门的主要负责人组成。一把手"获得电力"领导组，负责统筹落实国家电网公司党组决策部署；负责公司优化电力营商环境专项行动的全面领导和安排部署；负责重大事项审议和决策。领导小组下设办公室，公司主管营销副总经理，相关部门分管负责人为办公室成员。领导小组办公室作为领导小组办事机构，主要职责是贯彻落实领导小组优化电力营商环境专项行动的决策部署，按照部门职责推进各项具体工作，负责组织实施和监督检查。一把手"获得电力"提升领导小组组织架构如图3-18所示。

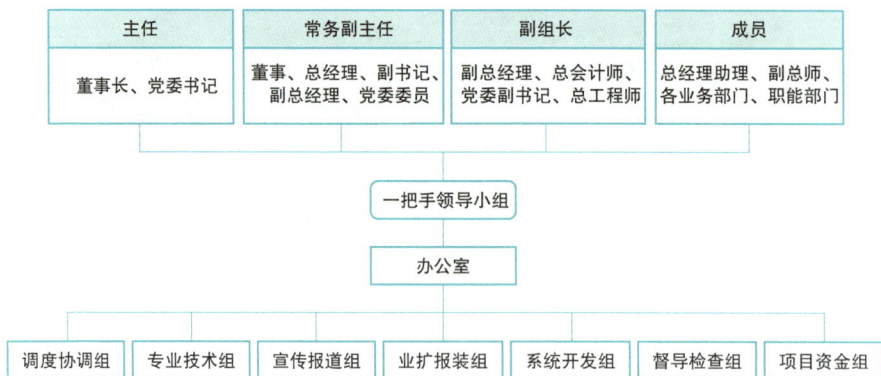

图3-18   一把手"获得电力"提升领导小组组织架构

领导小组办公室下设调度协调、专业技术、宣传报道、业扩报装、系统开发、督导检、项目资金七个工作组。领导小组办公室下设各组职能见表3-4。

表3-4 领导小组办公室下设各组职能

工作组	职责
调度协调组	负责落实协调优化营商环境专项行动的各项工作。负责联络政府主管部门和各部门、各单位；督促检查各组相关工作落实情况，协调解决工作中的重点、难点问题；负责与专项行动有关实证材料归集和会议组织事宜
专业技术组	落实优化营商环境专项行动专业技术、业务模式、流程节点、时限要求、设备材料、前期咨询等专业技术相关工作
宣传报道组	落实宣传产品设计、专项行动宣传策划方案制定，组织新闻发布会、主题开放日等宣传活动，通过各种宣传渠道开展新闻宣传报道
业扩报装组	落实因客户接入引起的外电源工程实施及公用变压器分（换）装工程，10千伏及以下配电网新（改）建工程、35千伏及以上电网扩（改）建技改工程管理模式、流程节点、时限要求、设备材料，以及组织实施
系统开发组	落实95598互动服务网站、"网上国网"App等渠道宣传内容发布，业扩业务全流程线上化、集成融合等业务系统开发和优化，组织系统联调和统筹系统发布计划等系统开发工作
督导检查组	监督检查公司各部门、各单位专项行动工作落实情况以及业扩工程的违规违纪情况
项目资金组	落实投资项目下达和专项行动资金安排

2. 组建专业服务团队确保改革举措平稳落地

"业扩报装"作为综合性业务，很多环节需要多部门、跨专业共同决策、协调推进。国网北京电力以客户需求为导向，以实现电力业扩报装办理"内转外不转"为目标，突破原有组织界限，创新业扩报装组织模式，成立相关专业执行机构，打通专业壁垒，实现电力报装"全流程调度、全流程协调和全流程管理。"

一是组建成立"获得电力"项目组。建立以客户经理为单元的工作模式。整合办公室、营销部、运检部、发策部、建设部、信通公司、

物资中心、调控中心、运营监控中心等专业部门专业人员组成业扩报装项目组，并引入供电方案外部编制顾问，由客户经理从专家库中选择相关人员组成报装项目服务小组，实现报装服务支撑的最优组合。

二是深化业务末端融合工作组。组建"1+1"服务团队，深化业务末端融合。在受理客户接电申请后，客户经理与项目经理组成"1+1"服务团队，客户经理"一口对外"，负责项目整体协调推进，项目经理负责外线工程建设。现场核实接入电源情况，结合客户提供的表箱位置，确定供电路径及容量，使用PDA选择典型设计，同步生成供电方案、施工设计图纸及物料清单，确保"受理业务、施工准备、工程实施、计划排定"不出团队。

3. 建立内外部多方协同机制畅通合作沟通

国网北京电力为破除制约发展的体制机制障碍，深化电力体制机制改革创新，基于国家电网颁布的《持续优化营商环境提升供电服务水平两年行动计划（2019—2020年）》要求出发，建立市区两级政企协同机制、接电服务协同机制等多方协同机制，进一步优化外线工程审批手续、联合推动用电项目选址和供电方案编制等工作进程，助力电力服务质量提升。"获得电力"体制机制如图3-19所示。

图3-19 "获得电力"体制机制

（1）外部加强与地方政府协作，坚持政府主导、政企联动。

主动融入地方政府优化营商环境各项工作，积极与相关政府部门协同沟通，推动政府审批事项的优化工作。针对电力规划路由、供电工程道路开挖等工作审批周期长、影响接电时间的问题，主动配合北京市政府部门出台相关政策，实现从"并联审批"到"一窗通办"再到"占掘路免审批"。

协同政府，简化审批。积极推动政府部门优化外线工程审批手续，并降低相关费用。通过政府主要领导批示、专题会议、政府行文、政务部门指导意见等方式，出台支持性政策，明确外线工程规划红线、施工许可、掘路审批、绿化许可、占道施工许可等行政审批部门职责，推行行政审批流程由全部串行改为并行，搭建行政审批绿色通道，压减审批总时长，同时，将外线工程建设许可纳入行政审批"一窗办理"，统筹考虑，监督推进，为加快客户外线工程建设速度、降低整体造价提供政策保障。2020年改为免审批，在非禁止区域，国网北京电力将占掘路施工方案、交通导改方案向政府报备即可，无需审批。

政企协同，步调有序。配合政府有关部门做好项目落地服务工作，参与用电项目选址联合指导，提出就近电源选址方案。项目用地确定后，主动获取相关立项及项目用电需求信息，引导配电网规划布点，针对160千瓦以上客户，采取"预安排"方式，提前启动"供电方案"编制，优化电源路径就近接入。确定接入点后，统筹优化供电方案，开展沿线水、气、通信等各管线单位的意见征询，会同规划部门协调解决存在的管线矛盾和问题，完成选线方案和外线工程设计。

信息共享，高效响应。推动政府部门信息共享，自动获取营业执照、环境评估、土地、规划许可等办电所需办电证照批文。前置材料

审查环节，实施在线验证核对电子证照、电子公文、电子签章等，积极实行"一口对外"网上预审，避免客户重复提交资料、循环证明，往返临柜。为打造"马上办、网上办、一次办"的高效业扩报装体系提供支持。

（2）内部各部门各单位沟通联动，形成一体化服务模式。

为了保障优化电力营商环境工作的高效开展，需要配套建立投资保障、资源保障、模式保障、协同保障等相关保障措施和机制，为推进营商环境优化工作提供有力支撑。

建立合作机制，实现高效协同。建立牵头部门、配合部门和具体实施单位相结合的合作机制，实现各部门间高效协同，提升接电服务工作效率。对接电服务环节进行划分，从办电环节、时长和成本三方面分别设定目标任务，并对各任务的牵头部门、配合部门和具体实施单位进行明确。牵头部门、配合部门和具体实施单位情况见表3-5。

表3-5　　　　　　　牵头部门、配合部门和具体实施单位情况

分项	环节分解	牵头部门	配合部门	具体实施单位
减办电环节	减受理环节	营销部		客服中心、各供电公司
	减告知环节	营销部		客服中心、各供电公司
	减管理环节	营销部	运检部、物资部	客服中心、各供电公司
减办电时长	减前期时长	营销部	发展部、运检部、调控中心	客服中心、各供电公司、经研院
	减沟通时长	客服中心、各供电公司、经研院	运监中心、发展部、运检部、建设部、调控中心	客服中心、各供电公司
	减协同时长	运检部	营销部、发展部、建设部、调控中心	客服中心、各供电公司

续表

分项	环节分解	牵头部门	配合部门	具体实施单位
减客户成本	减小微企业成本	运检部	发展部、营销部、物资部、财务部	各供电公司、物资公司
	减外线投资成本	发展部、营销部	运检部、建设部、物资部、财务部	客服中心、各供电公司
		营销部		客服中心、各供电公司
提升供电可靠性感知	提升供电可靠性感知	运检部	发展部、安质部、调控中心	各供电公司、检修分公司
	提升服务便捷性感知	营销部	科信部、运监中心	客服中心、各供电公司
	提升反馈及时性感知	营销部	科信部	客服中心、各供电公司

创新运作方式，提供高效服务。实施"轮值制＋项目制"运作方式。电力报装服务中心实行发展、运检、营销等专业集中办公，办公人员和场所相对固定，报装所需调动资源相对集中。报装服务中心采取轮值制和项目责任制，由专业部门按照自然月轮值，轮值部门负责人主持当月业扩报装工作，并对重大报装项目负责督办，确保"首问负责制""一口对外"等服务要求落实到位。

创新服务模式，推进报装提质增效。国网北京电力根据客户用电需求，建立了重要客户、重点工程对外承诺和内部协同"双契约"机制，对具备供电条件的重要客户、重点工程，按照"公开透明、平等自愿、三不指定"的原则，由承发包公司组织与客户签订《业扩报装服务契约书》（外部契约），在合同约定时限内完成送电。客服中心（属地）与业扩报装协同部门签订《业扩报装协同工作契约书》（内部契约），明确开工交底、竣工验收、装表接电等环节完成时限。国网北

京电力把各单位契约服务完成情况纳入企业负责人绩效考核。

配套保障，同步落实。理顺业扩配套工程管理机制，加强配套电网建设，开辟"绿色通道"，加快配套电网工程前期手续办理速度，最大限度压缩项目建设周期。优化业扩配套电网工程物资管理，改革业扩配套工程物资供应模式，结合市场实际情况，开展标准化常用物料的需求预测工作，通过协议库存，建立周期为三个月的高档、中档、经济三个档次的配套常用物资储备，协议库存按照周期进行补充、更新，做到物资供应"内转外不转"，全力保障配套工程如期落地。国网北京电力采用通过框架招标，推行典型设计及标准化物料的创新举措，建立业扩报装物资项目包，采用标准物料及实物储备模式，定量储备配电变压器、箱式变压器、低压电缆、低压导线、电杆等物资，各单位根据工程需求领用。

（三）经验总结与推广

国网北京电力"优化电力营商环境组织创新体系"包括"组织体制创新""组织结构创新""组织机制创新"三方面，在具体实施方式上包括打造"一把手工程"、组建专项服务团队、建立内外部多方协同机制。创新组织体系，才能破解改革难题。从全国范围来看，营商环境改革相关部门通过构建完善的工作组织推进体系，横向整合各方力量，纵向延伸服务触角，强化以上率下、凝心聚力，持续优化提升我国营商环境。

以"一把手工程"推进营商环境改革。营商环境涉及企业设立、运营、发展、退出等方方面面，涉及基础设施建设、政府的政务审批、工信部门的产业政策、金融部门的资金支持、政府执法等各个领

域，需要有统一的顶层协调机制。具体来看，党政主要领导要亲自上阵，分管领导要加强日常调度，有关部门要各司其职、各负其责，用好考核评价的"指挥棒"，构建责任链条、上紧责任发条。强化人才专项队伍建设。充分发挥"人才队伍"在优化营商环境中的主导地位和能动性，注重人才培养，建立常态化、阶梯化人才培养体系，定期进行轮岗锻炼，培养行政审批工作"多面手"，不断提升政务服务队伍的专业化、精细化服务水平，打造一支执行坚决有力的营商环境队伍，为优化营商环境注入强劲动力。完善各方信息公开与共享机制。在整个营商环境多元主体协同治理中，信息是重要的战略资源，高效、及时、准确、公正的信息沟通是确保营商环境建设的重要软环境。首先要建立信息公开法规制度，通过法律法规，来确保信息的公开与共享。对营商环境建设中的相关信息，在不涉密条件下，进行公开，便于各参与主体充分共享。其次，依托"互联网+"技术，打破"信息孤岛"，构筑大数据平台，促进各方信息共通互联。

三 管理创新

（一）管理创新的理论基础

芮明杰教授在《超越一流的智慧：现代企业管理的创新》一书中，把管理创新定义为创造一种更有效的资源整合范式，这种范式既可以是新的有效整合资源以达到企业目标和责任的全过程式管理，也可以是新的具体资源整合及目标制定等方面的细节管理。

管理创新包括五种形式：①提出一种新经营思路并加以有效实施；

②创设一个新的组织机构并使之有效运转；③提出一个新的管理方式方法；④设计一种新的管理模式；⑤进行一项制度的创新。即发展思路创新、组织机构创新、管理方式方法创新、管理模式创新和管理制度创新。

所谓的发展思路创新，可以包含以下几个方面：新的经营方针以及经营战略；新的经营理念及其推行；新的经营策略；资本运营思路；生产经营新思路的方式方法；企业发展方式等。

所谓的组织结构创新，主要包括以下几个方面：组织结构基本形式的发展；部门机构职责；权限的发展；集权分权的新方式；组织的学习性深化；组织内信息流程及网络的重构；组织结构中的人际关系安排；部门岗位设置与个人才能的发挥；组织的柔性化设计等。

所谓的管理方式方法创新，主要包括以下几个方面：新的领导方式；对人的管理方式方法的发展；生产、经营、服务等方面管理方法的发明与创造；新的管理手段，如信息技术进入管理导致的管理手段的革新；新办公设施的创设和使用，即管理硬件方面的创新与发展；企业生产组合的创新，如流程的创新等。

所谓的管理模式创新，指一种综合性和全面的管理范式，与企业的特点有密切的关系。也可以指某一个具体管理领域的模式的创新。包括企业管理综合性创新；企业中某一具体管理领域的综合性创新；管理方法手段等综合性创新；综合性管理方式、方法的创新等。

所谓的管理制度创新，广义的指包括从产权制度到企业内部的管理制度的创新。但是产权制度并不是企业可以随意创造的，而其他内部制度则能加以发挥、发展和创新，主要包括各类企业管理制度的创新；管理制度的效用评价；管理制度的制定方式；系统化管理制度的创新；企业内部工作流程的设定与创新；科学议事规则设定等。

（二）国网北京电力管理创新体系

国网北京电力为了实现"获得电力"的前沿水平服务目标，提高改革时效，结合工作实际，围绕改革目标，重新整合资源，利用生命周期理论全面梳理北京"获得电力"工作流程，以系统性、整体性、协同性原则，将"获得电力"划分为前期准备期、中期实施期、后期总结期等三个重要阶段，重点参照芮明杰教授"管理制度创新"进行突破，实现对"获得电力"的全流程跟踪、全环节监督、全过程管理。在前期准备期为了更好地进行全流程服务质量管控，制定了服务标准和服务监管措施；在中期实施期，从全渠道、全环节、全主体上搭建了立体防控网，夯实风险防控工作；在后期总结期，通过构建多维度监督评价机制，实现管控闭环。建立系统完备、科学规范、运行有效的制度体系，扎实推进营商环境改革举措落到实处，带动公司全力向以市场为中心、以客户需求为导向，智能互动、高效精准、民生增值的供电服务新模式和新理念转变。"获得电力"管理创新体系如图3-20所示。

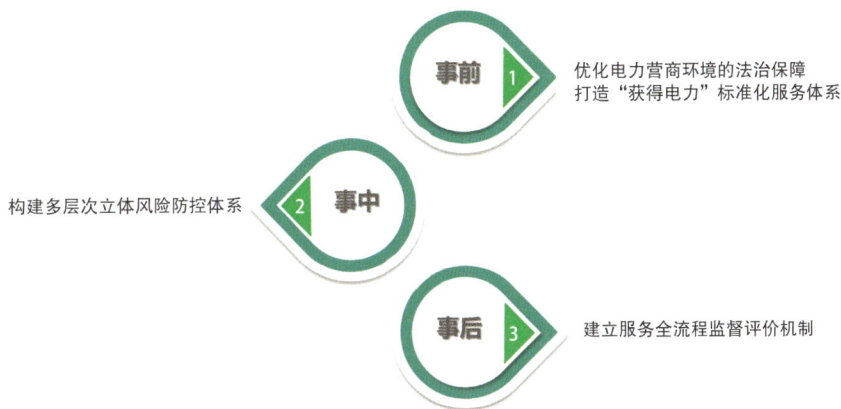

图3-20 "获得电力"管理创新体系

1. 优化电力营商环境的法治保障

在准备期,为规范"获得电力"服务流程、提高服务质量,国网北京电力加强与政府部门沟通,争取政策支持,不断完善优化电力营商环境的法治保障。国网北京电力积极推进优化电力营商环境立法,北京市十五届人大常委会第二十次会议表决通过了《北京市优化营商环境条例》(简称《条例》),《条例》在"获得电力"方面明确"四项法规",为相关改革措施的落实提供了法律保障。北京市城市管理委员会落实《条例》要求,制定电网供电可靠性管制工作细则,并连续两年发布考核意见。此外,在国网北京电力的沟通努力下,北京市城管委等七家委办连续三年简化低压占掘路行政审批,实行全国最优的低压接电占掘路"免审批"政策。北京市发改委出台政策提前一个月公示电价调整信息,提高电费透明度。北京市出台优化电力营商环境政策见表3-6。

表3-6　　　　　　　　　北京市出台优化电力营商环境政策

发布时间	政策名称	政策影响
2019年 2月27日	《北京市发展和改革委员会关于做好电价政策公布有关工作的通知》(京发改〔2019〕249号)	涉及北京市电网用户销售单价的相关政策,将在执行前1个月通过官方网站对外公布
2020年 2月21日	《关于进一步优化营商环境免除企业低压电力接入占掘路行政审批的通知》(京管发〔2020〕2号)	针对符合"三零"服务范围的低压电力接入占掘路工程,免除了各相关政府委办局的全部行政许可手续,占掘路施工审批时间由原来的5天再次压降至0天
2020年 3月27日	《北京市优化营商环境条例》(〔十五届〕第25号)	从法律层面确保供电服务质量,并规定低压接电时长不超过8个工作日、接电成本延续零投资、供电服务信息主动公开、停电财务遏制措施

续表

发布时间	政策名称	政策影响
2020年4月9日	《北京市城市管理委员会关于修订北京电网供电可靠性管制工作细则（试行）的通知》（京管发〔2020〕10号）	规定国网北京市电力公司应积极落实各项供电可靠性管制举措，对不满足奖惩规定的，责令改正，并处五万元以上五十万元以下罚款
2020年4月29日	《北京市城市管理委员会关于对2019年北京城市电网供电可靠性考核的意见》	依据上年度国网北京电力供电可靠率数值，考核意见为不予奖惩
2020年4月20日	《北京市城市管理委员会关于对2020年北京城市电网供电可靠性考核的意见》	依据上年度国网北京电力供电可靠率数值，考核意见为同意增加准许收入100万元

2. 打造"获得电力"标准化服务体系

除了完善外部制度保障外，在公司内部，国网北京电力进一步做实做细服务产品标准化工作，全面建立贯穿报装接电全环节的"强前端、大后台"标准化服务体系，完善项目实施标准化管理机制，确保服务产品落实落地。围绕服务产品典型设计及标准化物料、配电网建设技术标准、投资管理、客户满意保障等方面编制相关制度标准和作业指导书（如服务手册、办电指南等，见图3–21）并严格执行，保障服务产品的有效落地。例如，国网北京电力编制并实施了《国网北京市电力公司关于开展业扩报装"三减一提升"专项行动全面提升"获得电力"水平的通知》《国网北京市电力公司关于明确优化营商环境投资管理流程的通知》《国网北京市电力公司物资部关于业扩报装"三减一提升"专项行动物资保障指导意见》等技术标准以及相关管理制度共15项，见表3–7。

表3-7　　　　　国网北京电力编制"获得电力"服务标准与制度

序号	文件名称	文号
1	《国网北京市电力公司关于开展业扩报装"三减一提升"专项行动全面提升"获得电力"水平的通知》	京电办〔2018〕3号
2	《国网北京市电力公司关于开展业扩报装"三减一提升"专项审计工作的通知》	京电审〔2018〕3号
3	《国网北京市电力公司关于进一步提升低压客户获得电力满意度的通知》	营销〔2018〕8号
4	《国网北京市电力公司关于印发国网北京市电力公司低压报装"一站式"服务操作指导手册的通知（试行）》	京电营〔2018〕9号
5	《国网北京市电力公司关于成立业扩报装"三减一提升"专项行动领导小组的通知》	京电人资〔2018〕13号
6	《国网北京市电力公司物资部关于业扩报装"三减一提升"专项行动物资保障指导意见》	物资〔2018〕25号
7	《国网北京市电力公司关于印发业扩报装"三减一提升"配网建设技术标准的通知》	京电运检〔2018〕26号
8	《国网北京市电力公司关于加强低压报装"一站式"服务工程安全管理的通知》	京电安〔2018〕67号
9	《国网北京市电力公司运维检修部关于明确"三减一提升"业扩配套低压项目实施流程的通知》	运检〔2018〕72号
10	《国网北京市电力公司低压业扩报装配套工程管理指导意见》	京电运检〔2018〕95号
11	《国网北京市电力公司关于优化"三减一提升"配套业扩项目投资管理的通知》	京电发展〔2018〕212号
12	《国网北京市电力公司关于明确优化营商环境投资管理流程的通知》	京电发展〔2018〕398号
13	《国网北京市电力公司小微企业"三零"服务流程作业标准》	京电营〔2019〕34号
14	《国网北京市电力公司关于进一步提升小微企业获得电力营商环境的通知》	京电营〔2020〕7号
15	《国网北京市电力公司关于落实<北京市优化营商环境条例>公开六项服务承诺的通知》	京电营〔2020〕21号

尊敬的电力客户：

欢迎您来到国网北京市电力公司办理用电业务！我公司诚挚为您提供上门服务。客户申请用电容量在160kW及以下的，以低压（0.4kV）方式供电，符合低压"三零"服务条件的用户接电环节2个环节，接电时间不超过10天，非"三零"客户接电3个环节，我公司用电报装业务各环节合计办理时间不超过6个工作日。高压供电直接需客户3个环节，重要客户6个环节，我公司用电报装业务各环节合计办理时间不超过30个工作日。我公司与政务服务资源管理平台建立信息共享机制，对有电子证照的客户提供"一证办电"服务。为了方便您办理业务，我公司推荐您使用"网上国网"APP、95598智能互动网站、北京通APP等线上渠道报装、线上提报申请可以通过输入证件号码、调用电子证照，或通过拍照上传证照照片，减少您往返营业厅时间。若您需要到供电营业厅办理报装申请，请提醒您下业务类别随带所需申请资料原件和复印件，我们会留存复印件。请您根据业务办理类型阅读以下内容。

居民生活用电办理

报装申请须知

1.申请材料

(1)户主有效身份证明（包括身份证、户口簿、护照等）；

(2)用电地址权属的合法证明（包括房产证、农村私人宅基地建筑文件或上级政府或相关部门的批复文件等）；

2.备注

(1)若为用电人委托办理业务，需提供授权委托书及被授权授权办人的身份证明印件；

(2)若为租赁，需提供租赁协议复印件，并由产权人同意报装说明。

施工接电须知

我公司负责报装实施计量综合箱低压接螺栓全电源供工程，计量综合箱低压接螺栓以下内线工程由您自主委托建设实施。

提供证明和公证证明（学校、养老院、居委会等）；

(3)拍照上传，电子营业执照调取需摆拍在微信小程序获取取得证码。

方案答复须知

在受理您的报装申请后，我们将安排客户经理与您约定时间进行成品勘查，出具供电方案并向您答复。

装表接电须知

在工程竣工合格，签订《供用电合同》及相关协议后，我们将为您装表接电。

高压用电办理

业务受理须知

1.申请材料

1.企事业法人有效身份证明（身份证、户口簿、护照等）；

2.有效的营业执照（若属机关事业单位提供事业法人证书；若属军队需提供证明以上证明）；

3.用电地址权属的合法证明（房产证、农村地区需提供乡镇及以上政府或相关部门的批复文件；新建筑物，提供立项、规划及批复文件）；

2.备注

(1)若为用电人委托办理业务，需提供法定代表人签章的授权本单位人员的授权委托书及被授权授权办人的身份证明；

(2)若为租赁，需提供租赁协议复印件及产权人同意报装证明材料；

(3)若涉及国家优惠电价的应主动提供政府有关部门核发的批准证明和公证证明（学校、养老院、居委会等）；

(4)对钢铁、电解铝、铁合金、水泥、电石、玻璃、黄磷、稀油炼等高能耗和其他特殊行业的，须提供相关政府部门批准的许可文件，许可文件包括政府主管部门立项或成效意见文件，环境评估报告、生产许可等；

(5)若有国家级数据中心，需提供经行政许可的非政府投资工业和信息化固定资产投资项目备案证明。

低压"三零"客户用电办理

受理签约须知

1.申请材料

(1)企事业法人有效身份证明（身份证、户口簿、护照等）；

(2)有效的营业执照（若属机关事业单位提供法人证书；若属军队需提供证明以上证明）；

(3)用电地址权属的合法证明（房产证、农村私人宅基地建筑文件或上级政府或相关部门的批复文件；新建筑物，提供立项、规划及批复文件）。

2.申请资料其他说明

(1)若为用电人委托办理业务，需提供法定代表人签章的授权本单位人员的授权委托书及被授权授权办人的身份证明；

(2)若涉及国家优惠电价的主动提供政府有关部门核发的批准证明和公证证明（学校、养老院、居委会等）；

(3)若线上申报，电子营业执照调取需摆拍在微信小程序获取获取码。

在"网上国网"APP申请时，在线签订《"三零"服务供用电合同》，我公司受理后以提供电子《"三零"服务供用电合同》，若需纸件可自行打印。

施工接电须知

我公司负责投资实施计量综合箱低压接螺栓全电源供工程，在受理您的报装申请后，我们将安排现场勘查，并根据类型设计开展外线工程施工，如外部施工交接少涉及道路及市其他相关的，由我公司负责办理。计量综合箱低压接螺栓以下内线工程由您自主委托建设实施。在内、外部工程实施完成后，我公司组织抄电。

居民自用充电桩用电办理

报装申请须知

1.申请材料

(1)《新能源小客车自用充电设施建设充电条件确认书》；

(2)车主有效身份证明。

方案答复须知

在受理您的报装申请后，我们将安排客户经理与您约定时间进行成品勘查，出具供电方案并向您答复。

竣工检验和装表接电须知

工程竣工后，我们将安排客户经理进行竣工检验，在竣工综合合格，签订《供用电合同》及相关验收后，我们将为您装表接电。

(3)车位产权或使用权证明；

(4)物业同意书；

(5)车位照片。

2.申请资料其他说明

(1)若车企代为办理居民区自用充电桩业务，需要提供车主委托权书；

(2)若新能源小客车有所有权与固定车位所有权或使用权分属不同家被业时的，需提供《居民户口簿》或相赁等相应材料；

(3)若新能源车主租赁的固定车位，需要提供租赁协议；

(4)农村地区私人宅基地需提供乡镇及以上政府或相关部门"的批复文件。

施工接电须知

对于自有公司产权供电设备直接接出电源的居民自用充电机，由我公司负责实施计量综合箱低压接螺栓全电源供工程，受理您的报装申请后，我们将安排现场勘查，并根据类型设计开展外线工程施工，如涉及外部交接少涉及道路及市其他相关的，由我公司负责办理。计量综合箱低压接螺栓以下内线工程由您自主委托建设实施，室内与合同室内营业室、物业社村委会等相关方行行，以业绩制完成施工。在内、外部工程实施完成后，具备接入条件后，我公司组织抄电。

非"三零"客户低压用电办理

业务受理须知

1.申请材料

(1)个人提供：有效身份证明（身份证、户口簿、护照等）；

(2)企事业提供：企事业法人有效身份证明（身份证、户口簿、护照等）、营业执照（若属机关事业单位提供事业法人证书；若属军队需提供证明以上证明）；

(3)用电地址权属的合法证明（房产证、农村私人宅基地建筑文件或提供乡镇及以上政府或相关部门的批复文件；新建建筑物，提供立项、规划及批复文件）。

2.备注

(1)若为用电人委托办理业务，需提供法定代表人签章的授权权本单位人员的授权委托书及被授权授权办人的身份证明；

(2)若涉及国家优惠电价的请主动提供政府有关部门"的批复相关的

温馨提示

在用电业务办理过程中，如果您需要了解业务办理进度，通过"网上国网"APP进行查询，或到供电营业厅进行查询。

95598

国家电网
STATE GRID

客户办电指南
Customer Electricity Application Guide

95598

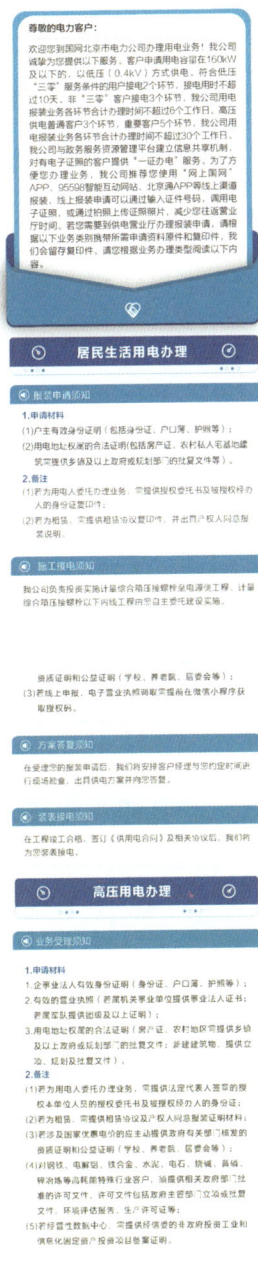

图3-21　国网北京电力编制客户办电指南

3. 构建多层次立体风险防控体系

实施期，国网北京电力通过深化应用供电服务指挥系统、实时管控平台等先进信息系统，实现业扩全流程办理时限的实时监控、提前预警，强化配电网运维和抢修的预警和督办。并通过梳理新流程、新产品可能带来的风险，构建立体风险防控体系，实现风险超前控制和持续改进。

一是实现业扩全流程预警管控。将配套电网项目管理和工程建设全过程，纳入业扩全流程信息公开与实时管控平台进行管理。发挥供电服务指挥中心作用，依托业扩全流程实时管控平台，将各协同环节的工作时限数据量化，开展时限管控，进行指标评价，真正实现业扩全流程预警管控、负面清单共享管理、各专业指标自动评价，促进内部协同更高效。

二是强化运维和检修工作的即时预警和督办。针对配电网设备、工程项目、运维检修等关键运行指标、重要节点、关键环节进行多维度跟踪管控，分析业务全过程，针对配电网各类运行指标异动情况进行预警和督办，实现设备运行、工程实施关键指标的全过程管控，将相关运行情况数据进行汇总、分析，形成预警工单或主动检（抢）修工单；借助智能信息化手段，实时采集、监测配电网各类运行指标数据，一旦发现异动情况，系统自动发出预警信号，及时预警和督办。实现了电力故障从传统的"被动告知"向"主动感知"的转变。

三是通过构建立体风险防控体系，夯实风险防控工作。将对新举措的理解和质疑可能造成的服务风险和舆情风险，纳入外联部的舆情风险监控体系；将推行新的业务流程可能带来的岗位廉洁风险，纳入

监察部门的廉政监察体系；将推广新产品可能产生的安全风险，纳入安全生产部门的安全监控体系；将投资界面改变可能出现的经营风险，纳入发展与财务部门的项目与财务管理监控体系；将项目管理模式的改变可能带来的风险，纳入审计部门的审计风险防控体系。形成以"获得电力"风险基础数据库、风险标识库为底层支撑，以风险识别判断矩阵模型为识别工具，以风险预警与对应预案为防控解决方案的防控平台，全渠道、全环节、全主体上搭建的立体防控网。"获得电力"服务立体风险防控体系如图3-22所示。

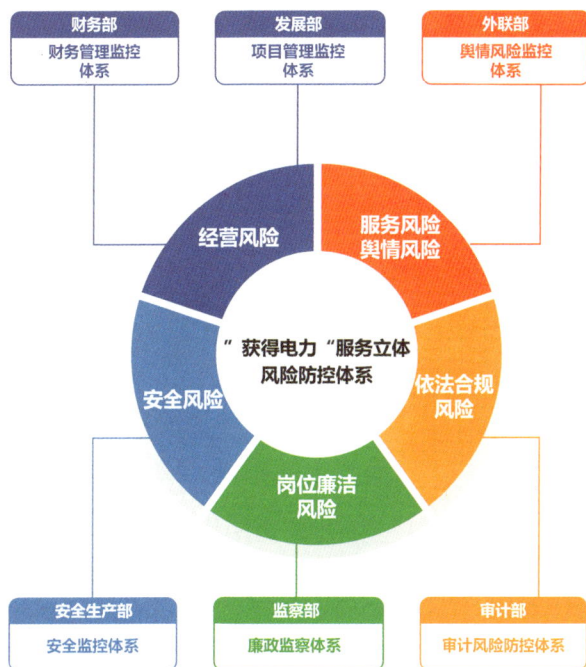

图3-22 "获得电力"服务立体风险防控体系

4. 建立服务全流程监督评价机制

总结期，国网北京电力通过建立健全服务评价监督机制，开展多

维度综合绩效考核，主动接受客户监督，畅通客户接电服务评价渠道。

一是引进全时段、全媒体、全社会的舆论监督机制，实现管控闭环。国网北京电力建立了全过程管控督导机制，通过系统平台监控、95598电话回访、走访客户等方式，全面监督服务新举措执行情况，确保各项改革举措落地执行。

二是对外公开服务承诺、形成服务监管闭环。2021年2月20日，国网北京电力出台《关于落实<北京市优化营商环境条例>修订公开六项服务承诺》（京电营〔2021〕12号），进一步升级面向社会公开发布了"六项"服务承诺，在精简环节、压减时长、零成本接电、供电可靠性财务遏制、信息主动公开、服务监督渠道六个方面主动接受社会各界监督，巩固优化营商环境的各项成果，实现营商环境优化成果的全社会共享与监督。同步在"网上国网"App接电申请说明页面增加了关于时长的承诺，用户完成接电后可根据接电服务情况进行评价，并通过线上渠道或者电话向监管机构举报或投诉，实现办电"业务线上申请、进度线上查询、服务线上评价"监管闭环。

三是定期汇报，自觉接受监督。定期向国家能源局、北京市城市管理委员会、国家电网公司等报送已送电小微企业办电业务的平均办理时长、所需环节、申报材料和接电费用等信息，自觉接受政府监管。

四是创新开展多维度、多视角、多机构的考核评价工作。改变以往"全管全不管"的责任分解模式，对报装项目实施过程，联合运监、审计、监察等部门，在业务、廉政、合法合规层面进行监督评价；引入多维度的评价考核机制，制定综合评价考核实施办法，对报装项目从业务受理至验收送电全过程服务、质量、时限开展评价；创新引入第三方机构，开展对营业厅政策掌握、服务规范等的明察暗访，以及

多种渠道的客户回访,实现报装接电服务的综合性评价;评价结果纳入绩效考核,与报装小组工资绩效分配挂钩,不断优化改进,提升服务能力。

(三)经验总结与推广

在管理创新方面,国网北京电力通过优化电力营商环境的法治保障、打造"获得电力"标准化服务体系,构建多层次立体风险防控体系,建立服务全流程监督评价机制来实现办电服务事前、事中、事后全程管控。同时,事中事后监管也是"放管服"改革重要组成部分,是优化营商环境有力抓手。

在营商环境改革的其他领域,也应要求将更多资源从事前审批转到加强事中事后监管上来,推进事中事后监管法治化、制度化、规范化、精准化。应根据管理工作需要和经济社会发展变化,加快推进相关地方性法规和政府规章立改废释工作,为事中事后监管提供健全的法制保障。明确监管主体、监管对象、监管措施、设定依据、处理方式等内容,通过制定清单,明确监管责任和措施,做到监管事项全覆盖。具体来看,一是厘清监管责任。明确事中事后监管的责任划分原则,即"谁审批、谁监管,谁主管、谁监管"。二是创新监管方式。充分发挥信用监管在事中事后监管中的基础性作用,全面推行智慧监管,以市场化监管方式和科技化监管手段,破解监管力量和监管对象之间的矛盾。三是建立科学的追责体系。设置监管容错机制,对法律法规尚未涉及的新模式新业态的监管以及在探索过程中的监管方式允许"试错",在监管领域形成鼓励创新、倡导实干的政策导向。

四　技术创新

（一）技术创新的理论基础

《复杂性科学视野下的科技创新》❶一文以复杂性科学的视角对信息技术发展与融合背景下的技术创新模式进行了重新审视，认为科技（技术）创新是在各创新主体、创新要素交互复杂作用下涌现出来的，是技术进步与应用创新的"双螺旋结构"共同演进催生的产物。信息技术的融合与发展，推动了组织形态、社会形态的深刻变革。认为要完善科技创新体系，需要构建以用户为中心、需求为驱动、以社会实践为舞台的共同创新、开放创新的应用创新平台，实现技术进步与应用创新的并驾齐驱，打造用户参与的创新2.0模式。

我国在1999年8月20日发布的《中共中央国务院关于加强技术创新，发展高科技，实现产业化的决定》中明确指出：技术创新，是指企业应用创新的知识和新技术、新工艺，采用新的生产方式和经营管理模式，提高产品质量、开发生产新的产品、提供新的服务、占据市场并实现市场价值的活动。

（二）国网北京电力技术创新体系

国网北京电力深入学习贯彻习近平总书记关于科技创新的重要论述和指示精神，充分借鉴《复杂性科学视野下的科技创新》中创新2.0

---

❶ 宋刚，唐蔷，陈锐，纪阳.复杂性科学视野下的科技创新［J］.科学对社会的影响，2008（02）：28-33.

模式的要求，把"以客户为重，以客户需求为驱动"作为技术创新的出发点和归宿，充分将新技术手段融入服务，通过升级"网上国网"推行"一证办电"来提升服务便捷性感知、创新应用移动作业终端实现内部流程无缝衔接提升办电实效性感知、运用高精尖技术确保电网安全稳定运行提升供电可靠性感知，持续优化客户用电感知度，打造"获得电力"O2O智慧服务模式。"获得电力"技术创新体系如图3-23所示。

图3-23 "获得电力"技术创新体系

1. 升级"网上国网"App，用电服务更便捷

推行"互联网+营销服务"，统一建设、互动的"网上国网"App服务平台，并持续做好App功能迭代升级和完善，拓展线上办电业务覆盖范围，推动传统业务从线下向线上迁移。客户可通过"网上国网"App，线上提供办电资料信息，完成在线申请，签订合同，工作人员在开展现场勘查时不再需要客户配合，真正实现小微企业报装接电"一次都不跑"的服务体验目标；客户可通过App实时查询项目接电进

度，在接电完成后收到App推送的通知并可进行服务评价；此外，App还提供电费缴纳、账单查询、发票下载等几十项服务，满足各类客户全方位、个性化的电力使用需求。

2. 创新应用移动作业终端，压缩接电时间

整合典型设计、配电网资源、地理信息等互联网大数据，通过使用设计、勘察一体化移动作业终端（PDA），精准定位作业现场，在线配置设备型号及安装位置，在PDA中系统自动生成施工设计图及物料清单，将信息传递到物料部门和施工部门，由相应部门负责领料实施。通过此举措实现勘察设计、物资领料及工程实施的无缝连接，进一步压缩外线工程实施时间。

3. 借助区块链技术，推行"一证办电"服务

区块链作为一种安全性高、可促进信息共享互认的新兴技术，已广泛应用于金融、保险、电子存证等领域，发挥了数据高效共享、安全传输以及信用支撑的作用。国网北京电力推进区块链技术在电力数据共享、优质服务的应用，与市政务平台数据互联互通，客户办理新装增容业务所需资料由原来的3项（身份证、产权证、营业执照）压减至1项（用电地址房产土地权属证明），解决了以往办理业务重复提交材料、多次往返等问题，极大提升了办电便利性，降低了制度性交易成本，切实达到了"群众少跑腿，信息多跑路"的便民目的。

4. 运用高精尖技术，确保电网安全稳定运行

为保障北京电网稳定运行，国网北京电力坚持科学统筹，充分应

用科技力量、智能手段，提前研判风险，主动精准运维，持续提升供电可靠性。依托智能化供电服务指挥系统开展配电网主动精准运维。综合运用智能化供电服务指挥系统和配电网运检App，对配电网运维检修业务开展全过程可视化闭环管控。不仅能够根据实时运行数据感知设备状态，及时发现潜在隐患，还能够对故障进行精准定位，通过系统随时派发工作任务，实现配电网主动精准运维。同时，作业过程中通过配电网运检App可与供电服务指挥中心进行"图、音、文"双向互动。与传统方式相比，管理效率大幅提升，配电网运维更加精益，抢修工作效率和客户用电感知均得到全面提升。应用新技术装备加大配网不停电作业实施力度。创新应用配电网带电作业机器人、导线绝缘护管、复合绝缘电杆等新技术装备，加大配网不停电作业实施力度。投入新装备新技术提高设备检测效率。投入应用无人机自助巡检、智能巡视机器狗、国内首创电缆路径识别与故障定位全地形车、大容量发电车组等新装备，超声波、红外成像等科技手段，提前感知电力设备运行情况，通过大数据分析，辅助巡检人员进行设备排查治理，快速检测设备故障，大幅提高工作效率，及时恢复居民供电，为供电安全提供坚强科技支撑。高科技保障供电"零闪动"。国网北京电力综合采用不间断供电（UPS）电源车、飞轮储能车、固态快速切换开关（SSTS）三种技术，实现在任何电网故障情况下，所有重要区域供电设施均不会中断、间断客户用电，真正做到重大活动期间客户供电无闪动、电压波动零感知。

（三）经验总结与推广

国网北京电力将新技术融入电力服务，通过升级完善"网上国

网"App、创新应用移动作业端、推行一证办电服务、应用先进技术保证电网稳定性等手段持续优化客户用电感知度、提升电力营商环境。在营商环境改革其他领域，同样离不开科技的助力和支撑，通过深度挖潜大数据、人工智能等技术应用，大力推进政务服务"一网通办"，进一步推动智慧型营商环境建设迈上新台阶。

推广企业开办全流程智能化服务。通过应用人脸识别及电子营业执照的身份认证、电子签名技术，企业可一站式自助申办营业执照，申领税务发票，办理公章刻制、社保业务、公积金业务和银行开户，实现商事登记"秒批"。加强智能合约在政务服务的应用。利用智能合约能够简化政府办事流程，实现跨部门的无纸化流程审批，减少人为参与审批流程可能出现的操作失误，提高政务工作效率及政府营商服务能力。推进"智慧税务"建设。建设升级"智慧税务"服务系统，把移动互联网技术、云计算技术、大数据应用技术、人工智能与税收工作深度融合，建设智慧电子税务局，加大区块链电子发票覆盖范围。强化平台建设，提高企业融资便利度。通过推行"中小融平台"，强化平台与金融机构对接，帮助企业从线上获得融资，企业只需线上提交融资申请，相关金融机构将第一时间进行对接。

第四章

从组织引领到需求、技术、战略驱动
——国网北京电力优化营商环境展望

CHAPTER

随着国民经济的快速发展和生活水平不断提高，电力客户需求将呈现个性化、智能化、多元化的特点，为满足客户诉求，国网北京电力将依托专属服务、智能服务、多元服务等不断提高服务效能，提升客户满意度、全方位优化电力营商环境。在具体实现方式上，国网北京电力将强化数字技术统筹布局并开展探索性工作，着力构建覆盖电能生产、传输、交易、消费、结算全环节的数字化服务体系，快速响应和满足客户用电需求。

国网北京电力将以国家电网公司"具有中国特色国际领先的能源互联网企业"战略目标为指引，锚定北京2035远景目标纲要，积极响应国家"碳中和"战略目标、服务北京新型智慧城市建设，大力拓展综合能源服务、加快能源大数据中心建设、支持5G基础设施建设、推广智能有序充电，全面构建完善的新型服务模式，在综合能源服务、新能源汽车服务、分布式光伏服务领域开展技术创新、产品研发和市场开拓，带动产业链上下游共同发展，汇聚社会力量，推动政府、行业、企业等各类主体合作，最终建成各类主体深度参与、高效协同、共建共治共享的能源互联网生态。

本部分主要从满足客户需求新变化、应用数字技术提升服务水平、支撑首都城市战略定位三方面介绍国网北京电力在未来优化营商环境工作中的主要思路和举措。

一 从矩阵到生态，以品质服务助力电力营商环境优化

（一）以客户为中心优化营商环境

优化电力营商环境的本质是为民服务。"以人民为中心的发展思想"，

是习近平总书记于2015年11月23日在中央政治局第二十八次集体学习时提出的治国方针理论，同时也是智慧城市建设和智慧政府优化营商环境的根本指导思想。2019年10月23日，李克强总理签署了国务院令，公布了《优化营商环境条例》（2020年1月1日起实施）。期间，总理就"优化营商环境是为了什么"作出了说明，他提出"提供公平可及，优质高效的服务，是让人民过上好日子的必然要求，政府责无旁贷。要创新服务方式、提高服务效能，为企业发展和群众办事提供便利"。所以，检验优化营商环境的成效是否达标，要看是否为群众增加了便利。而电力作为经济社会发展的重要支撑，是优化营商环境的关键一环，高效的办电服务、稳定的电力供应是建设良好营商环境的重要保障，因此，持续优化电力营商环境需要践行"以人民为中心"的发展理念。

国家电网公司持续提升优质服务水平，满足人民美好生活需要。作为关系国家能源安全和国民经济命脉的国有骨干企业，把满足人民美好生活需要作为工作的出发点和落脚点，服务社会、服务民生、打通连接千家万户的"最后一公里"，是国家电网公司的不懈追求。2018年，国家电网公司发布行政1号文《国家电网公司关于坚持以客户为中心，进一步提升优质服务水平的意见》，提出用3年时间，基本建成以客户为中心的现代服务体系。并进一步指出，坚持以客户为中心的主要目标是服务人民生活更美好的能力显著增强，城乡供电能力和可靠性水平明显提高，人民群众获得感、幸福感全面提升。国网北京电力认真贯彻国家电网公司以客户为中心的服务要求，秉持"人民电业为人民"服务宗旨，致力于持续提升客户满意度。随着新一轮电力体制改革对电力格局的重塑，电网企业经营模式发生深刻变革，站在这一历史节点上，作为国家电网公司在首都的窗口单位，国网北京电力

积极贯彻落实国家电网公司战略部署，通过不断转变服务思路、深入挖掘分析客户需求、创新服务渠道及举措，全方位优化电力营商环境，持续提升服务水平、提高客户满意度。

（二）客户需求新变化

1. 服务需求个性化

互联网时代，公共信息获取成本低廉，普通客户希望电力企业满足自己的"个性服务"，并尽量做到"专属"。随着社会信息化的发展，生产力水平得到极大的提高，在个性化发展愈发明显的趋势下，社会分工不断出现细化，需求变得更加层次化，客户个性化倾向也越来越强烈。面对客户需求个性化，电力行业企业需要转变传统服务模式，从客户的角度去思考问题，以客户需求洞察为驱动，对现有组织架构、客户服务、业务流程等模式进行全面重构，打破原有的闭环链路，通过场景、生态进行赋能和变革。

2. 服务需求智能化

随着数字科技发展，电力客户对于智能化的需求不断提升。客户期望通过云计算、移动互联、多媒体可视化技术等先进技术的应用，能享受远程"面对面"电力人工服务；基于视频互动和远程移动互联技术，实现电子签名、自动填单等业务办理技术，实现电力营销全业务线上申请，足不出户随时随地完成业务申请、用电咨询、故障报修、缴纳电费等业务办理，利用大数据处理和云计算技术，能被快速定位故障点，高效完成故障处理。

3. 服务需求多元化

随着国民经济的快速发展和生活水平不断提高，电力客户对供电服务水平的要求不断提高，当前社会客户对电力需求呈多元的趋势，客户已不再仅限于满足用电保障需求，不同类型的客户对电力需求有所不同，同样的客户在不同的时期对电力需求也有所不同，对供电质量、信息、技术、节能、安全等多方面提出了不同的用电需求。为满足电力客户不断增加的合理需求，需创新服务理念，改进服务措施，对需求内容和业务类型等进行分析，及时制定措施，满足多元化客户的用电需求。

（三）以需求响应推进电力营商环境提升

1. 专属服务

以客户体验为核心，不断创新服务模式，为客户提供专属服务。在"互联网+"背景下的电力服务中，客户自然人或家庭可以作为与供电企业交互和被识别的主要方式，电力客户能享受"一点接入、全面服务"的一站式服务，通过大数据及移动互联网技术，按月享受用电分析报告和个性化优化用电建议书。根据客户特点优化用电策略，减少客户电费支出。按"先接入后改造就近接入"原则确定供电方案，严格执行业扩配套政策，降低客户接电成本。通过用能监测仪实时采集用户的用能信息，为大用户提供精准的用能分析及优化用电方案。

2. 智能服务

利用现代通信技术、信息技术、营销技术，构建智能用电服务

体系，实现客户需求智能响应。通过智能交互终端、智能插座、智能家电等，依托双向互动用电服务技术、用电信息采集技术、智能量测技术、智能社区支撑技术等，实现对家用电器用电信息自动采集、分析、管理，实现家电经济运行和节能控制。通过手机、电话、互联网等方式实现家居的远程控制等服务，有效提升电力客户家居生活的舒适性、安全性、便利性和交互性，生活方式得到进一步优化。

3. 多样服务

根据客户具体情况，实施多元化服务，满足客户多样性用电需求。如分布式电源等新型业务用电群体，除希望能够便捷地接入电网之外，还希望能够享受分布式能源设备的运行维护服务，包括补助电量计量和补助资金结算在内的费用结算服务。大用户在用户侧将更加积极利用余热、余压及太阳能、风能、水能等可再生能源建设分布式电源以提高电力自供率；政府希望能根据电力消费情况，科学预测各行业、各产业、各地区、重点企业的短期和中长期经济走势。电力公司将对特殊用电群体加强用能指导，对用户电能质量和供电的安全性、可靠性和稳定性等专业分析提供技术支撑。

二　从支撑到主导，以数字技术赋能电力营商环境提升

随着国家对数字经济的重视程度不断提高，持续升级数字经济转型发展战略，数字技术应用规模不断扩大，数字经济时代加速到来。数字技术作为优化电力营商环境的重要抓手，在完善公共部门服务产

品功能设计、提升服务效能方面有独特的作用，利用数字技术营造更好的电力营商环境，是数字经济时代的必然选择。

（一）依托数字技术提升营商环境

数字经济建设的推进为优化电力营商环境奠定了良好的基础。从国家层面，党的十九大报告提出了建设"数字中国"的宏伟目标，"十四五"规划勾勒出未来五年数字经济发展蓝图，要求加快建设数字经济、数字社会、数字政府，以数字化转型整体驱动生产方式、生活方式和治理方式变革。从北京市层面，北京"十四五"规划提出实施促进数字经济创新发展行动纲要，打造具有国际竞争力的数字产业集群，建设全球数字经济标杆城市；加快数字社会、数字政府建设，提升公共服务、社会治理等数字化智能化水平。政府通过加强顶层设计、优化路径选择全力推进数字经济建设，而数字技术的大规模应用发展为电力营商环境的升级奠定了扎实的技术基础。

国网北京电力积极贯彻国家及北京市相关部署，强化数字技术统筹布局并开展探索性工作，打造能源类企业数字化转型示范，提升客户满意度和获得感。国网北京电力始终高度重视数字化转型，通过持续推动供电服务数字化转型，着力构建覆盖电能生产、传输、交易、消费、结算全环节的数字化服务体系，快速响应和满足客户用电需求，改善电力营商环境。根据规划，力争到"十四五"末，公司基本建成覆盖能源互联网生产传输、消费交易、互通互济各环节全场景的信息支撑体系，融通能源流和信息流共筑价值创造体系，实现公司全业务、全环节数字化转型，全面支撑能源互联网企业建设。数字化发展指数达到87%，新兴产业年产值达到15亿元。

（二）技术发展新趋势

1. 人工智能优化用电服务

人工智能是研究开发用于模拟、延伸和扩展人的智能的理论、方法、技术及应用系统的一门新的技术科学。它企图生产出一种新的能以人类智能相似的方式做出反应的智能机器，该领域的研究包括机器人、语言识别、图像识别、自然语言处理和专家系统等。人工智能的发展历史是和计算机科学技术的发展史联系在一起的，除了计算机科学以外，人工智能还涉及信息论、控制论、自动化、仿生学、生物学、数理逻辑、语言学、医学和哲学等多门学科。

从应用方向来看，根据国家电网公司发布的《国家电网公司人工智能专项规划》，支持围绕电网智能运检、运行控制、企业管理和用电服务等领域开展人工智能自主创新，实现人工智能技术在电力行业生产、建设、经营、决策及管理等领域中的广阔应用。在电力服务领域主要包括智慧客服、电力营业厅智能服务：智慧客服主要是采用语音识别、语音合成、自然语言理解等人工智能技术，建设全渠道简单、清晰、高效的自助智能服务，解决"互联网＋全媒体"发展的时代背景下，客户服务向电子渠道化、自助化的发展趋势要求，实现客户诉求的精准智能理解和呼叫中心智能服务水平提升，使电力客户享受精准化、智能化、互动化的高效智慧沟通服务；电力营业厅智能服务主要是在营业厅标准化建设的基础上，利用人工智能语音技术、人脸识别、知识图谱技术，改变传统营业厅的单向被动服务模式，以主动服务、互动服务、智能服务和全时服务为设计原则，为用电客户提供一个智能化、互动化、人性化、24小时全天候的新型用电服务营业厅。

2. 大数据改进服务模式

"大数据"是指量大、复杂、增长迅速的数据集合，也指在一定时间内无法通过传统的数据库软件工具对其内容进行抓取、管理和处理的数据集合，它涵盖了从生成、采集、存储、加工、转换、计算、分析挖掘、展示到使用整个数据全生命周期管理的过程，以及在这些过程中所用到的各项技术。电力大数据可分为电力系统内部数据与电力系统外部数据。内部数据贯穿于发电、输电、变电、配电、用电、调度等电力生产管理和运营服务的各个环节；外部数据主要来自社会与公共服务部门，特别是互联网大数据。

从应用方向来看，电网外部大数据支撑改善电力服务模式和水平，助推电力营商环境优化。通过对客户用电及消费数据等数据集进行挖掘，对客户的用电行为特征进行分析，提高电力需求预测的准确性，帮助电力电网企业改进服务方式，提供个性化供电服务以及更为丰富的增值服务，提升客户满意度。比如，根据智能电能表（AMI）数据，结合客户特征数据（住房、收入等）和社会环境数据（气候、政策等），可分析预测客户的消费行为特征，为电网规划和运营服务提供科学依据。电网内部大数据辅助经济发展预测及宏观政策制定。客户用电需求的变化能够及时、客观、有效地反映国民经济的总体态势。将电力数据与社会经济指标相关联，将电力大数据应用于对经济发展水平和趋势、产业产能分布等方面的分析，有助于预测、预警经济运行态势以及辅助宏观经济调控政策的制定。比如，不同产业客户用电数据的动态变化，为政府掌握各行业发展状况、产业结构布局、经济发展走势提供数据依据。

3. 区块链驱动业务革新

区块链是一种由多方共同维护，使用密码学保证传输和访问安全，能够实现数据一致存储、难以篡改、防止抵赖的记账技术，也称为分布式账本技术，是分布式数据存储、点对点传输、共识机制、加密算法等计算机技术的新型应用模式。区块链与以往的技术相比，其核心特点归结有两点。一是"自治"。区块链是真正意义上的分布式（点对点）网络，不需要任何所谓的中心节点。此外，区块链上的每一个节点都各自独立地记录网络信息，按照自己的策略进行各种网络操作。这样，区块链就能够形成所谓的自治。二是"可信"。区块链的共识机制保证网络中所有节点的信息是真实、可靠且同步的，任何试图篡改信息的做法都不能得逞。

从应用方向来看，区块链在数据共享、营销结算、产业链金融、电力交易、碳交易、源–网–荷–储等方面都有典型应用场景，且随着技术进步和认识深化，应用范围将进一步拓宽。例如，在数据共享领域，区块链技术可以通过证照链、认证链、事项链等技术手段的运用，打通政务服务与公共服务两个领域，建立数据调用的互信共认机制，促进跨部门的数据交换和共享，实现"群众少跑腿，信息多跑路"；在营销结算领域，通过区块链可提供每个终端消费情况的可追溯性特点，客户可以得知能源消费到底是在哪些地方产生了支出，费用更加透明，增加了客户信任度，由于是自动计费，电网运营的成本也会降低；在产业链金融领域，区块链停电损失险在发生计划送电延误时，保险系统将利用区块链存证数据和智能合约技术，根据停复电数据研判结果自动触发理赔，保险公司在线完成赔付，具备信息化自动理赔、无需现场查勘等优点。

4. 5G赋能智慧电力

5G技术是当前最新的蜂窝移动通信技术，凭借低延时、高可靠、大带宽、大连接的特性，5G将移动生态系统扩展到新的领域，带来的超级计算、超级链接和超级存储，促进传统商业模式、传统产业的转变和升级，推动各大行业加速数字化、智慧化的进程，大幅度提高社会生产效率、资源利用效率，促进了资源在空间的转移，开启了万物互联的时代。5G产业链包括上游的5G基站、芯片和器件等核心技术和基础性建设；中游5G网络终端的建设；下游5G运营和应用场景建设。其中上游5G网络的建设最为核心，包括5G核心网、接入网和承载网；中游包括5G手机和物联网终端等终端建设，5G芯片的技术尤为薄弱；下游则包括运营商、系统集成等应用和工业互联网、智慧城市、物联网等应用场景建设。

从应用方向来看，5G在电力行业主要有四大应用场景，分别为控制类业务、采集类业务、移动应用类业务，以及以多站融合为代表的电网新型业务。在控制类业务中，5G技术将优化能源配置，避免大面积停电以影响企业和居民用电，同时也将满足于配电网实时动态数据的在线监测应用。在采集类业务中，5G将推动收集和提供整个系统的原始用电信息。在移动应用类业务中，典型场景是移动巡检类业务，5G能够预防安全事故和环境污染，减少人工巡检工作量，在未来可进行简单的带电操作。在多站融合业务中，5G技术对内支撑坚强电网业务发展，对外拓展能源服务渠道，助力电力物联网发展，向社会提供资源共享服务，推进平台型、共享型企业建设。

（三）以技术推进电力营商环境服务链条的重构

1. 一体化服务，升级智能营业厅

加快推进电力营业厅向服务型、体验型、智慧型、线上线下一体化优先升级是国家电网电力公司关于营业厅优化的工作思路。而针对现阶段传统营业厅办电模式陈旧、服务手段滞后、体验载体匮乏等服务痛点，需进一步从客户体验出发，拓展新技术应用，强化线上线下渠道融合，为客户提供一站式业务办理和一体化用能服务，更好地服务人民美好生活。

围绕电力营业厅智能服务场景，①以营业厅不同业务分区为落脚点，优化营业厅功能区设置：按照"4+N"原则，即咨询引导区、自助服务区、综合业务办理区、业务待办区4个基本功能区域，和新型业务推广区、产品展示体验区等N种可灵活设置的功能区域，优化营业厅布局与客户行动线路。②利用大数据、人工智能技术为支撑，开展营业厅软硬件设备的优化和融合：引入智能引导终端"人机交互"服务，实现人脸识别、历史记录调取、客户身份感知等功能，可快速分流客户，提升业务办理效率；布设规模化综合业务自助终端，实现报装、变更、交费、发票、查询业务"一机通办"，增加全设备语音交互和数据联动功能，有力提高办电质效；开发集信息查询和营业厅管理于一体的智慧服务掌机，支撑走动式咨询，实现营业厅设备、业务、人员全状态监测、全数据分析、全环节管控；拓展网上国网、"国网北京电力"微信公众号、支付宝平台"网点预约"功能，扩展线上取号、预约取票、排队信息通报等服务，促进线上线下渠道充分融合，提升客户服务体验；设置综合能源业务宣传、5G远程会商、

新零售体验等多个互动主题，设置VIP洽谈室、沉浸式体验空间等体验区域，强化营业厅互动体验和洽谈功能，兼顾智慧用能推广、公司战略宣传、品牌形象展示等开放多元定位；建立"线上服务评价+临柜服务评价+自助终端服务评价"三维评价体系，全方位洞察营业厅服务满意度情况。

2. 定制化服务，构建客户画像

国网北京电力拥有的庞大的客户群，但现有客户服务体系一般基于提供普遍的基础性服务，对客户没有深入的了解和分析，服务手段和模式比较传统和单一，面对新形势，需建立一套面向客户服务的客户全接触渠道精准画像，打破各个服务渠道之间对客户诉求理解和客户洞察的壁垒，不断提高各级工作人员对客户个体和群类特性的精准感知能力，提升公司精准服务能力和智能化应用水平。

以电力数据为抓手，构架客户画像。利用数字化平台加强与客户的互动，开展客户数字化用电旅程设计，抓取各渠道的客户痕迹、整合客户服务交互记录和客户用电信息，实现客户与公司交互触点全记录，进行需求分析、客户标签、客户细分等工作。充分整合和利用信息系统（如营销系统、计量自动化主站、客户全方位系统等）收集的现有数据，如可从客户报装信息、客户投诉信息、客户各渠道交互信息、客户账单信息等，深入分析客户数据信息，搭建多个分析模型，构建客户标签库，为客户精准"画像"。

基于客户画像构建用电用能产品体系。一是整合停电抢修、客户服务等传统供电业务和电能质量治理、能效服务等增值业务，将业务中公共的、通用的、稳定的业务能力以标准化模式沉淀，挖掘更多的

业务价值；二是围绕电力供应拓展增值业务，建立包括综合能源供应、能效服务、电能替代、电能质量治理、电动汽车服务、市场化售电、智慧运维、商业保供电、临电共享租赁、用能规划涉及咨询等业务的增值服务基础产品库；三是根据前台传递的客户需求，基于后台的数据与算法支撑建立客户画像的基础上，为客户提供定制化解决方案，不断完善与能力相适应、符合能源行业发展趋势和客户需求的增值服务产品体系；四是分行业、分客户类别提供服务套餐。深入开展行业客户调研分析，在构建"行业＋价值"的多维度、多层级客户分群、分类管理体系的基础，开发定制化增值服务套餐，提供差异化客户服务。

3. 放心服务，打造区块链停电险

基于区块链技术的停电险作为一种全新的产融结合的电力金融产品，面向全体电力客户，可支持投保电力客户故障停电自动快速理赔，有效破解平台信任问题、数据安全问题和理赔低效问题，是构建互联网金融生态圈的重要尝试，对区块链技术在电力行业的应用具备示范样本意义。

区块链停电险通过区块链技术赋能商业保险，在发生计划送电延误后为补偿电力客户损失、安抚其情绪提供了一种商业解决途径。相比于传统保险，区块链停电险利用区块链的数据分布式存储，链上节点各方共享数据，解决了由保险公司单独决定理赔的弊端。同时，在产生理赔时，区块链技术将通过停电数据触发智能合约，理赔无需第三方审核，客观便捷快速。在区块链中产生的保险理赔数据可追溯且不可篡改，避免保险全过程各环节作弊行为，理赔更公平。由于计划

送电延误险与区域供电可靠性、电网规模关联度较小，延误多为天气原因或者工作方案不够完善所致，因此，计划送电延误险具有普适性，具备推广应用的基础条件。

4.精准服务，推行精准负荷控制

优化能源配置，避免大面积停电。电网控制类对通信需求的典型特征是低时延、高可靠、安全性要求高，适合5G技术体制下的超高可靠超低时延通信（ultra-reliable low latency communications，uRLLC）应用场景，典型的业务有精准切负荷控制业务。电网负荷控制主要包括调度批量负荷控制和营销负荷控制系统两种控制模式。电网故障时，负荷控制主要通过第二道防线的稳控系统紧急切除负荷，防止电网稳定破坏；通过第三道防线的低频低压减负荷装置切除负荷，避免电网崩溃。这种稳控装置集中切负荷社会影响大，电网第三道防线措施意味着用电负荷更大面积损失。

采用基于稳控技术的精准负荷控制系统，控制对象精准到生产企业内部的可中断负荷，既满足电网紧急情况下的应急处置，同时仅涉及经济生活中的企业客户，且为客户的可中断负荷，将经济损失、社会影响降至了最低，是目前负荷控制系统的一大技术创新。传统配电网由于缺少通信网络支持，切除负荷手段相对简单粗暴，通常只能切除整条配电线路。从业务影响、客户体验等角度出发，尽可能做到减少对重要客户的影响，通过精准控制，优先切除可中断非重要负荷，例如电动汽车充电桩、工厂内部非连续生产的电源等。

三　从服务到引领，全方位支撑首都城市战略定位

（一）首都经济发展新要求

1. 响应国家"碳达峰、碳中和"战略目标

加速脱碳是国网北京电力响应国家、北京市双碳目标实现的必然要求。在国家层面，习近平总书记在2021年3月召开的中央财经委员会第九次会议上强调"实现碳达峰、碳中和是一场硬仗，也是对我们党治国理政能力的一场大考"，在"十四五"开局之年，中央就把实现碳达峰、碳中和提升到"我们党治国理政能力的一场大考"的高度，充分体现了我国对推动实现碳达峰、碳中和的高度重视。在北京市层面，北京市积极响应习近平总书记指示，将"碳达峰"作为首都发展阶段的新起点，将实现"碳中和"愿景作为谋划首都未来发展的重要目标和展示城市国际形象的重要契机。市委书记蔡奇多次指出北京要在实现碳达峰、碳中和上争当"领头羊"。聚焦电力行业，电力行业的二氧化碳排放量约占我国能源活动碳排放总量的40%。随着我国经济结构的转型升级，电力在全部能源负荷中占比也将越来越高，在碳中和目标下，在所有行业可实现的全面脱碳情景中，电力的脱碳都必须先于更大范围的整体经济脱碳。因此，电力系统未来十年的发展，对于我国在2030年前实现碳达峰和在2060年或更早时间实现碳中和目标至关重要。

2. 服务北京新型智慧城市建设

构建智慧能源系统是国网北京电力服务北京新型智慧城市建设的必然选择。2021年《北京市"十四五"时期智慧城市发展行动纲要》发布，根据行动纲要，到2025年，北京将基本建成统筹规范的城市感知体系，整体数据治理能力大幅提升，全域场景应用智慧化水平大幅跃升，建设成为全球新型智慧城市的标杆城市。电力是北京构建新型智慧城市发展的客观需求，构建智慧能源系统是北京智慧城市建设的基础。同时，电力公司通过城市智慧能源的建设，拓展基于数据的综合能源服务，能够进一步提升能源转化效率、能源传输效率、能源基础设施的利用效率、能源与经济社会的结合效率显著提升，对清洁可再生能源的利用消纳水平更高，进而实现高效、清洁、低碳的目标。此外，通过城市智慧能源的建设，实现各类能源信息的充分有效有序共享，实现各类业务的在线快速办理，最终实现城市能源系统智慧便捷的目标。

3. 锚定北京2035远景目标纲要

"十四五"时期是全面建设社会主义现代化国家新征程的开局起步期，也是北京建设国际一流和谐宜居之都的关键期，《中共北京市委关于制定北京市国民经济和社会发展第十四个五年规划和二〇三五年远景目标的建议》提出北京要推广智慧服务惠民、建设坚强城市智慧电网、打造绿色智慧能源产业，国网北京电力锚定2035年远景目标，深入贯彻国家电网公司"一体四翼"发展布局，以建设具有中国特色国际领先的能源互联网企业为目标，把握四个"坚持"（坚持客户中心、

坚持首善标准、坚持数字驱动、坚持智慧绿色），围绕"四新"工作（新基建机遇、新场景应用、新消费潜力、新服务效能），瞄准未来能源发展和应用场景，加快推进"一中心"（北京能源大数据中心）、"两平台"（综合能源服务平台、车联网平台）建设应用，着力打造"国际领先、国内标杆"的电力营商环境新高地，着力构建"首都特色、创新引领"的客户侧能源互联网新示范。

（二）新发展要求对电力服务的要求

1. 推动居民区智能有序充电

北京实现"碳中和"的路径之一是能源终端消费电气化，为助力"双碳"目标实现，在消费端加快减碳行动，应因地制宜推动电动汽车发展，而为保障家庭电动汽车规模化充电服务，兼顾电网安全，国网北京电力将推广智能有序充电。调查发现，居民区电动汽车充电负荷与居民正常生活用电负荷高峰时段存在严重重叠的情况，形成一定时间段的尖峰负荷，而在智能有序充电场景下，客户使用手机 App 提交智能有序充电订单，电力公司根据配电网负荷情况，通过智慧能源控制系统，有序安排电动汽车充电时序和充电功率，实现低谷充电目的。同时，还可利用 V26 互动技术，实现电动汽车充/放电与台区内分布式光伏发电进行综合优化控制，促进清洁能源就近消的，并可聚合用电负荷，参与电网需求响应，提高能源利用效率。居民区智能有序充电是未来电动汽车充电的发展方向，目前在技术层面已经取得突破，具备了规模化实施条件，但在技术标准、投资运营主体和价格政策等方面，还需得到政府、车企等主体的大力支持。未来，可通过峰谷电价、

政府补贴、政府采购要求与标准强制等措施将有序充电从少数试点项目向规模化应用推广。

2. 积极拓展综合能源服务

为助力北京智慧城市建设和"30·60碳目标"实现，国网北京电力将积极拓展综合能源服务，全力提升综合能源服务核心竞争力。强化综合能源服务的规划设计能力，提升综合能源服务平台和项目的运营管理能力，完善技术支撑能力，构建完备的"供电＋能效服务"技术产品和服务的支撑体系。推广应用"1＋4"综合能源服务产品。充分发挥综合能源服务平台纽带作用，全面应用推广4大类、20项服务产品。深化开展区域综合能源规划。坚持规划引领，将综合能源规划作为推动区域服务产品落地的纲领，聚焦"三城一区"、大兴临空经济区、城市副中心、CBD等重点区域开展规划编制。建设综合能源重点项目。三城一区，重点打造"多能互补、能效提升"结合的示范项目；城市副中心、CBD，重点打造能效管理示范项目；大兴临空经济区、自贸区，重点围绕一体化冷热供应、热泵、光伏等业务，建成能源互联网示范。

3. 加快能源大数据中心建设

全力支持智慧能源城市建设，贯彻"四个革命、一个合作"能源安全新战略，推动北京能源大数据中心建设落地。深入贯彻公司新型数字基础设施建设部署，按照"政府指导、电网主建、多方合作、共享成果"的建设运营模式，依托数据中台搭建跨行业的综合能源数据平台，集中有效便捷采集客户电水气热等资源消耗数据，实现内外数

据贯通融会，打造能源数据共享平台；以数据产品研发为抓手，打造政府部门决策支撑平台；以资源共享运营为抓手，打造行业创新发展平台；以业务数字化为抓手，打造智慧能源服务平台。围绕对外合作共赢、基础平台建设、数据汇聚共享、数据统一管理、数据产品研发推广、运营能力建设6个方面，激活能源数据新价值，构建能源互联新生态，服务首都智慧城市建设。

4. 支持5G基础设施建设

在北京智慧城市部署中，具有高技术含量的5G技术受到关注和重视，逐渐成为智慧城市核心竞争力的重要基础，对城市的进步与发展具有重要意义。国网北京电力积极响应北京市城市管理委员会就加快推进5G基站及其机房配套电力设施建设及优质服务的相关工作要求、同时认真贯彻国家电网公司做好优质供电服务保障支持5G基础设施建设措施要求，将通过多项措施支持5G基础设施建设、做好优质供电服务，包括：紧密跟踪5G基站建设需求，提供直供电便捷服务，并探索依托现有变电站等场所提供5G基站建设站址，提供友好可靠的供电服务；立足客户需求，设立5G基站用电报装"绿色通道"，有效解决报装程序烦琐问题，提升接电效率；推动5G基站转改直，并创新性提供同址分户服务产品，有效降低5G基站运营成本；推行能源托管、智能运维、综合梯次、分布式光伏等综合能源服务，打造互利共赢的能源互联网新业态，助力北京市智慧发展。

（三）以战略推进构建开放共享的能源互联网生态圈

国网北京电力将以国家电网公司"具有中国特色国际领先的能源

互联网企业"战略目标为指引，全面构建完善的新型服务模式，在综合能源服务、新能源汽车服务、分布式光伏服务领域开展技术创新、产品研发和市场开拓，带动产业链上下游共同发展，汇聚社会力量，推动政府、行业、企业等各类主体合作，建设各类主体深度参与、高效协同、共建共治共享的能源互联网生态。

1. 系统构建综合能源服务生态

综合能源服务终极目标是打造全社会综合能源服务生态圈。随着市场成熟度和信息透明度的不断提升，综合能源服务市场的发展将呈现阶段性特征，可分为无组织的分散竞争阶段、局部平台化的信息汇聚阶段和全域生态化的产业生态阶段，在产业生态阶段，多方分工协作实现了各市场主体间的共存共荣，产业生态圈基本形成，价值网络逐步完善，综合能源服务产业将形成数据驱动、良性循环的发展模式。

综合能源服务生态体系下，国网北京电力作为核心，将通过汇聚政府及行业机构、社会能源服务商、设备供应商等相关方，开展全方位、多层次合作，建立涵盖能源数据、关键技术、主要设备、典型案例的设备级、系统级、平台级的信息共享服务平台，构建各方参与、互利共赢的综合能源生态圈。面向政府：为行政规划决策提供全面数据支撑，实现综合能源业务的全方位、全过程管控；面向社会能源服务商：推动供需高效对接和资源优化配置，构建产品、技术、项目拓展有序竞争、产融协同、共促发展的良好氛围；面向设备供应商：服务产业转型升级，带动产业上下游共同发展；面向客户：提供需求侧能源管理、综合能源供应及协调优化控制等服务。

2. 创新构建新能源汽车服务生态

新能源汽车是能源互联网的重要支柱。新能源汽车作为一种移动式分布式的储能设施，未来将与扁平化、分散式、合作化的能源交互网络连接在一起，体现能源互联网的关键特点，并成为能源互联网的重要支柱。国网北京电力通过发挥电动汽车能源互联网路由器作用，不断提升充换电服务能力，创新能源服务发展新模式，构建新能源汽车服务新生态。

国网北京电力将整合政府部门、行业协会、电动汽车整车企业、电池等零部件企业、设备制造商、充电运营商等各方资源和需求，以优质充电服务为切入点，创新打造"六位一体"全面融合的车联网省级平台，共同推动跨行业信息融合与业务贯通，构建新能源汽车服务生态圈。面向电动汽车客户，提供找桩、充电等基础服务，引导车主进行有序充电，形成"城际全贯通、城乡全覆盖、服务全天候"的服务网络；提供V2V、V2G服务，以及基于车联网的绿电交易。面向充电设施运营商，破除壁垒，强化全国充电设施深度互联互通。面向政府，基于充电设施相关数据分析成果，为政府开展行业监管提供坚实数据支撑，同时为充电设施建设布点规划提供参考。面向其他相关主体，提供电动汽车智慧出行、电动汽车新零售、电动汽车及充电桩智能制造等新兴业务模式，服务电动汽车行业健康发展。

3. 全力打造分布式光伏服务生态

分布式光伏发电对优化能源结构、推进"双碳"目标、实现经济可持续发展具有重要战略意义。在"互联网+"发展浪潮下，以互联网

信息技术为支撑，以客户需求为导向，以全面提升分布式光伏运营效率为目的，整合技术、信息、数据等分布式光伏全产业链资源，构建"互联网＋光伏"的开放共享能源互联网生态体系，成为助力分布式光伏产业发展新趋势。

国网北京电力将通过整合用户、光伏设备商、集成商、投资商等各方资源，发挥全产业链上下游创新能动性，互联互通，促进能源供给侧优化，利用大数据、云计算、物联网等技术，建成开放共享的分布式光伏服务生态圈。面向设备供应商，基于设备综合评价体系，结合用户定制化服务需求，提供需求定制、设备检定认证服务，助力智能制造。面向分布式光伏用户，打造"全套解决方案＋自选产品组合＋特色应用产品"的光伏产品套餐，整合新能源全产业链资源。面向光伏扶贫用户，有针对性地接入光伏扶贫电站，助力国家"造血式"精准扶贫。